绩效管理：
本源与趋势
PERFORMANCE MANAGEMENT

孙波 著

復旦大學出版社

  孙波，经济学博士，中国劳动关系学院人力资源管理研究所所长，中国人力资源开发研究会常务理事，曾任大型国有企业人力资源部经理、深圳华为技术有限公司招聘经理。北京华夏基石管理咨询集团资深顾问，长期致力于组织绩效变革推动、战略人力资源管理体系构建、能力体系构建与测评、绩效管理体系构建等领域研究与咨询工作。

  曾为通信、石油、化工、IT、烟草、航空、电力、电建、快速消费品、服务业等多个行业的企业以及各类科研机构提供咨询和培训服务，2007年被中国企业联合会评选为中国值得尊敬的管理咨询专家二十强之一。常年在北京大学经济学院、清华大学继续教育学院、中国人民大学劳动人事学院、中国政法大学商学院主讲人力资源管理课程或人力资源管理专题讲座。

推荐序

绩效管理是一个世界级的管理难题,同时也是一把"双刃剑"——用好了可以推动企业经营业绩的提升,用不好可能会伤及自身。在企业管理实践中,绩效考核又是个"烫手山芋":企业没有绩效考核,万万不行;有了绩效考核,麻烦不断。"考"也不对,"评"也不是;往往陷入老板不认可、人力资源部门头疼、各级管理者厌烦、员工不满意的境地。尤其近两年来,一切变得不确定:外部世界复杂多变,新生事物看不懂,未来看不清。从绩效管理的角度看:首先,企业未来发展方向看不清,战略目标不明确,企业的绩效目标与指标就很难准确确定;其次,影响绩效的因素是复杂多样的,个人的绩效往往并不完全取决于个人努力的结果,而是团队合作共创价值的结果;再次,现在我们所面临的管理对象是知识型员工,是知识型劳动、创新性劳动,知识型与创新性劳动成果的表现方式多样,难以客观衡量。如何衡量创新绩效与知识劳动成果是一个全新的问题。还有,我们许多优秀企业都是运用高压力、高绩效、高回报的"三高"文化驱动员工不断创造高绩效,这种"三高"绩效文化,在创新与人力资本驱动时代是否会抑制创新?是否适应互联网和共享经济的要求?"90后"等新生代员工是否还买"三高"绩效文化的账?这些都是问题。所以,绩效管理现在成了整个管理理论和实践界的"风暴眼",观点各异,问题多多,困惑不少。

本书作者孙波博士一直跟踪研究企业绩效管理理论和实践的发展,先后出版多部关于绩效管理问题的专著,也发表了多篇相关论文,既有一定的理论素养,又具备长期的企业实践经验。在本书中,孙波博士结

合理论研究、教学经验和华夏基石管理咨询集团多年积累的详实案例，对绩效管理领域常见的一些冲突性、争议性问题依据自身的思考进行了系统而有针对性的回答，同时又研究总结了目前企业在绩效管理实践中的一些创新和尝试，其中，以关键绩效指标（KPI）为核心的绩效管理与目标与关键成果法（OKR）的对比、能力评价与价值观评价的综合运用等研究具有一定的创新性和实践应用价值，"本源篇""基础篇""趋势篇"从不同的层面回答了绩效管理中常见的问题和困惑，同时这种结构的划分本身也有一定的新意，相信可以引发读者更多的思考和共鸣。

彭剑锋

中国人民大学教授、博士生导师

北京华夏基石管理咨询集团董事长

自　序

严格意义上说,这本书算不上新作,这也是我书稿一拖再拖的原因,因为内心很忐忑。2013年出版的《回归本源看绩效》由于种种原因,成书不尽如人意,甚至还有明显错误出现。虽然与编辑反复沟通做了勘误表,众多读者也表示宽容并给予了很多鼓励,但想起来一直如鲠在喉。

2014年开始,我的研究方向更多地聚焦于人与组织关系重构背后的原因及其带来的变化。在研究中发现,随着新经济体的不断出现,组织越来越有"平台化"的趋势,人与组织的关系开始从雇佣关系转变为合作关系,人与组织通过"共生合作"关系共同为客户创造价值并且分享这种价值创造,传统的基于科层制和雇佣关系的人力资源管理理论不能适应新的形势,受到巨大的冲击,绩效管理也从基于岗位履职评价转向价值评价,如何进行价值评价成为了绩效管理遇到的新问题。带着这个问题,笔者深入企业研究和观察,发现一些企业一方面依然纠结于绩效指标设计的"技术性"问题,另一方面对于绩效管理根源性的变化茫然失措。而以新经济体为代表的另一些企业则勇于变革和创新,突破传统以KPI为核心的绩效管理的桎梏,引进和尝试新的绩效管理方式来促进企业创新,激发知识型员工的价值创造活力与潜能,以及定义和衡量创新成果与创新绩效。这些有益的尝试都在不同程度上回应着绩效管理遇到的现实难题,也可能代表着绩效管理未来的发展趋势。有了这样的认识,2017年开始,我和华夏基石管理咨询集团的咨询师贾秋怡女士组成了研究团队,共同对我们所观察的企业在绩效管理领域的新做法、新实践进行梳理和总结,这些就构成了本书趋势篇的主要内容。在这一过程

中,贾秋怡女士做了大量的研究和文字整理工作,在此谨表谢意。

非常感谢复旦大学出版社宋朝阳老师的耐心和热情,在他的鼓励下,我才有了信心和决心对近些年在绩效管理领域的认识重新进行系统总结,对《回归本源看绩效》书稿进行了重新整理,删减了大约 1/3 的内容,增添了近两年观察总结的绩效管理新实践。全书共分为"本源篇""基础篇"和"趋势篇":"本源篇"试图厘清对于绩效管理一些基本概念的错误认识,"基础篇"重点介绍了以 KPI 为核心的绩效管理的成熟方法和工具,"趋势篇"总结和提炼了目前的以新经济体为代表的创新企业在面对绩效管理难题时的新做法和新尝试。

在本书即将成稿之际,宋朝阳老师问我一个问题:绩效管理是否是有颜色的,如果有应该是什么颜色的?这个问题我从来没有想过,认真去想好像真的很难用一种颜色来概括,我们常说绩效管理是一门科学同时也是一门艺术,管理似乎又不是简单的非黑即白,混沌状态也是管理的一种常态。于是,我们设计了三种不同色彩的封面,首先推出的是时尚感鲜明的雅黄版,其他颜色版本将在修订重印时陆续推出,希望读者喜欢。

孙　波

2018 年 6 月于北京

目录

推荐序

自序

第一篇　本源篇 | 1

第一章　"管"与"考"的异同 | 3
　第一节　绩效的概念 | 4
　第二节　全面绩效管理绝不是全面指标 | 8
　第三节　"管"和"考"本来就有巨大区别 | 11

第二章　组织绩效与个体绩效的改进路径截然不同 | 19
　第一节　组织绩效和个体绩效都来自能力提升 | 20
　第二节　组织绩效提升的关键是破坏性创新 | 23
　第三节　组织的能力是一种系统能力 | 27

第三章　绩效管理与战略性绩效管理 | 33
　第一节　绩效管理和战略的关系 | 34
　第二节　不是所有的绩效管理都能称为战略性绩效管理 | 35

第四章　绩效管理体系有效的唯一标准在于适用性 | 41
　第一节　绩效管理体系的构建是分阶段的 | 42
　第二节　所谓的先进、科学可能会误导你 | 43

第二篇　基础篇 | 51

第五章　没有沟通就没有绩效管理 | 53
第一节　人人都要承担绩效管理责任 | 54
第二节　没有沟通就没有绩效管理 | 60

第六章　绩效指标设计的核心 | 71
第一节　绩效指标反映组织经营管理效果 | 72
第二节　绩效指标需要追求偏执 | 76
第三节　基于平衡计分卡设计关键绩效指标 | 78
第四节　基于关键成功因素分析法设计绩效管理指标 | 97
第五节　基于标杆基准法设计绩效指标 | 102

第七章　你分解的是资源而不是指标 | 111
第一节　目标就是没法合理 | 112
第二节　"想"是"做"的前提 | 113
第三节　指标分解的逻辑比数量重要 | 115
第四节　分解确定指标是一个互动过程 | 123

第八章　绩效管理需要高绩效文化支持 | 129
第一节　没有绩效的文化是假文化 | 130
第二节　高绩效组织的文化特征 | 131
第三节　个体的绩效更多源于自我价值驱动 | 133
第四节　激励来自认可 | 135

第九章　绩效管理就是"改进工具" | 141
第一节　绩效管理不是为了区分 | 142
第二节　员工能力改进依然是组织绩效提升的源泉 | 144
第三节　既要述职也要述能 | 146

第三篇　趋势篇 | 151

第十章　人与组织关系的变化 | 153
第一节　人与组织关系的形成 | 153
第二节　人与组织关系演变的两个驱动因素 | 155
第三节　人与组织关系的本质 | 161
第四节　绩效管理将以价值评价为核心 | 168

第十一章　从绩效管理走向人的全面管理 | 175
第一节　人的全面管理的提出 | 176
第二节　用评估实现对价值观的有效管理 | 182
第三节　价值观评估与胜任力评估的差别 | 184
第四节　复合型模式的综合应用 | 187

第十二章　目标与关键成果法 | 195
第一节　OKR 的起源与发展 | 195
第二节　KPI 与 OKR 的关系 | 199
第三节　OKR 的适用性 | 204
第四节　OKR 是否是绩效评价工具 | 206
第五节　OKR 的设计流程 | 211
第六节　OKR 的执行流程 | 216
附录：企业应用案例——西尔斯控股公司 | 222

第十三章　在云端实现绩效管理 | 233
第一节　绩效管理平台的产生背景及主要功能 | 233
第二节　绩效管理平台的优点 | 237
第三节　使用绩效管理平台需要思考的问题 | 240

参考文献 | 245

第一篇　本源篇

第一章 "管"与"考"的异同

在我咨询辅导过的企业中,有不少都遇到过相同或相似的情况:它们的考核指标设计得非常复杂,素质指标、能力指标等都包括在绩效考核的指标体系内。我曾经遇到一家企业,对生产线上的操作工人的考核指标竟多达60个,囊括了产量、消耗、考勤、请假、机台卫生和开会培训的各个环节,并且业务部门只承担业务相关的工作,人力资源部门才是绩效考核的主要推动者和执行者。每当到了季度末或年末,在人力资源部门的再三催促下,员工才开始对自己过去一段时间的工作进行总结,部门主管根据员工的总结和平时的观察给出评价,并将评价结果交给人力资源部,这项工作就算结束了。至于考核结果如何运用、员工绩效为何不佳、如何提高绩效则没有人去关心,更谈不上通过考核实现对员工能力成长的引导了。所以,员工与管理者都觉得绩效考核有问题,但是问题究竟在哪里又说不出来,也找不到答案。

现在,企业经营者或者高层管理者对于人力资源管理越来越重视。与此同时,作为人力资源管理最基本和最核心的绩效管理职能更是备受关注。我在从事管理咨询和教学的过程中,每年都会接到大量来自企业的咨询,或者学生的问题,其中大约有80%涉及企业绩效管理的问题,

这既说明绩效管理这一职能越来越被企业重视,也说明企业确实遇到了很多理论或现实上的问题。如果想要深入了解和解决这些问题,就要从了解"绩效"这样一个基本概念开始。

在社会发展的不同阶段,人们对"绩效"一词的定义是不同的,有人认为绩效是结果,有人认为绩效是过程,有人将绩效视为能力,还有人将这三者合一,提出"全面绩效"的概念。这些定义各有其合理性和适用性,因此它们本身并没有对错之分,真正导致企业在实践过程中遇到问题的原因,是企业对这些定义存在的误解,以及实践过程中的误用。因此,这一章将对绩效概念的发展过程进行梳理,并且针对实践过程中存在的关于"全面绩效""绩效管理""绩效考核"的误区进行澄清。

第一节 绩效的概念

关于"绩效"的基本概念始终有三种典型的认识:结果说、过程说和能力说。三者的侧重点不同,提出的时间也略有差异。围绕着这三种典型的认识,依据提出时间和管理理论发展的脉络,我们大致可以把绩效概念的发展划分为以下五个阶段。

一、绩效=完成的工作任务

关于绩效的这种认识,比较典型的可以追溯到泰勒的科学管理时期。1911年,美国古典管理学家泰勒在《科学管理原理》这本书中提到了对钢铁工人的绩效的评价,他把一个钢铁搬运工人的工作过程分解为几个简单的标准任务,并以此计算和评价绩效。基于这种对绩效的认识,管理者的侧重点在于对如何完成绩效,以及完成绩效过程中可能遇到的问题予以明确,并据此制定完成绩效的标准动作,而员工所要做的仅仅是完成指定的工作动作。

可以想象,将绩效等同于完成的工作任务很重要的一个前提是,工作内容事先能够准确规划,分解为简单的几项"任务"或者几个"动作",显然从事简单重复劳动的群体是适合用这种方式进行绩效评价的,也就是说,这种方式适合对简单体力劳动者的绩效评价。

二、绩效=结果

在某些情况下,管理者发现事先很难明确绩效完成过程中可能遇到的问题,甚至如何完成得更好的方法事先也很难明确。这意味着将工作内容事先分解为几个标准动作的前提不存在了,但是管理者在安排这项工作时所期望的结果是明确的,于是就提出来将绩效等同于结果。由此衍生出绩效结果、绩效目标、关键指标等相关概念,共同的特征是都指向产出。

绩效等于结果的这种认识,具有很好的操作性和即时的激励性。员工可以按照与结果直接相关的激励办法,依据自己的产出很快计算出自己的所得,所以激励效果非常好。

但是这种认识绩效的方式在简化管理过程的同时也带来了一些新的问题。比如,很多工作的结果并不是员工做出的行为能够直接控制的,由于很多不可预知的客观因素的影响,很努力地工作并不一定能够带来期望的结果。这个时候如果完全根据结果进行评价,就会带来员工的不公平感。

当然还有另外一种可能,员工本身执行任务的机会是不均等的,任务分配存在一定的随机性。如果一群能力相近的员工中,某个员工因为时机、周期等因素恰好承接了一个重要的任务,而且取得了很好的结果,并因此获得了高的激励,其他员工就会产生不公平的感觉。

以结果为导向看待绩效还有一个很重要的问题,被评价的人仅仅知

道自己的结果好与坏,他对于如何导致绩效的好与坏可能并不清楚,而管理者虽然有可能通过对他进行指导或者纠偏,协助其得到提升或者改进,但是由于单纯以结果为导向进行的绩效评价使得管理者缺乏足够的过程信息对其进行针对性辅导,这显然不利于被评价者的改进和提升。

另外,过分强调结果导向容易导致被评价人热衷于追求短期效益,而忽视组织长期的发展和经营安全。比如,我们国家过去长期对政府官员实行任期内 GDP 增长率的考核方式,直接导致他们过分追求短期的经济效益而牺牲了当地的生态环境等。类似的事件一度层出不穷,根源就在于将绩效简单视为结果的评价方式所带来的错误导向。

虽然以结果为导向的绩效评价会带来上述问题,但是这种方式也有一定的适用性,通常被应用于销售类、生产类等有明确量化的产出或者损耗的人员绩效评价中。

三、绩效=过程

过程说与结果说正好对立,认为绩效的侧重点不应该是产出,而应该是产出的过程。它假设被控制的过程能够带来预期的结果,但事实上我们发现,很多过程和行为严格按照标准执行的员工并不一定有预期的好的绩效。

比如服务行业,微笑和表面上的礼貌都做到了,但是带给客户的内心感受并不一定是愉悦的。而这类企业管理绩效的最终目的恰恰是让客户拥有愉悦的内心感受并带来重复的消费和购买。

更极端的情况是,员工过分关注过程中的行为,甚至已经不清楚所期望的结果是什么,出现为了完成某个动作而做出某种行为的情况。

当然,以过程为导向的绩效也有其优势,当我们发现员工完成绩的过程和行为偏离事先的标准时,可以及时指出并帮助员工调整,就有可能避免未来更大的损失。总的来说,以过程为导向的绩效评价方式比较适合服务性岗位。

四、绩效=过程+结果

以结果为导向和以过程为导向的绩效都存在这样或者那样的问题,于是又出现将两者综合起来,既看过程又看结果的绩效观。这种绩效观既强化了对员工的激励,又关注了绩效完成的过程,适合大多数员工和企业,也是在现实中被企业大量采用的。

以结果为导向的绩效评价和以行为为导向的绩效评价各有其优、劣势(见表1-1),事实上也几乎没有企业单纯地使用结果导向的绩效评价或者行为导向的绩效评价,比较常见的是基于企业或者岗位的不同,在绩效评价时对结果或者行为有不同程度的侧重。

表1-1 结果导向的绩效评价与行为导向的绩效评价的比较

考核方法	优点	缺点
注重结果	具有鼓舞性和奖励性	■ 在未形成结果之前难以发现不正当的行为 ■ 当出现责任人不能控制的外界因素时,评价失效 ■ 无法获得个人活动信息,不能进行指导和帮助 ■ 容易导致短期效益
注重行为/过程	能获得个人有效信息 有助于进行指导和帮助	■ 管理难度增大 ■ 成功的创新者难以容身 ■ 过分强调工作的方法和步骤而忽视实际的工作效果

企业的发展阶段不同,绩效的侧重点就会不同,处于稳定发展阶段的企业往往强调行为过程,而处于高速发展阶段的企业一般比较重视结果以及结果导向带来的激励。

五、绩效=做了什么+能做什么

虽然"结果+过程"的绩效评价方式适合大多数类型的企业和岗位,但是我们发现有些类型的岗位无论是以结果为导向还是以过程为导向,都无法客观地进行绩效评价。尤其是对于知识含量比较高、自主性比较强的岗位而言,被考核者的能力往往是产生绩效的决定性因素,于是就有人提出把能力纳入绩效评价的范畴,试图通过牵引员工能力的提升带来高的绩效。这个时候,绩效评价就不仅仅是追溯过去评价历史的工具,而更加关注未来,这也更加符合绩效管理本身的含义。关于这一点后面会具体论述。

这种方式比较适合对知识型工作者和事先无法清晰界定工作产出的岗位进行绩效评价。

第二节 全面绩效管理绝不是全面指标

回顾这五个阶段的绩效观,各自有其适用性,所以我们很难界定哪一种更为科学和先进,以上排序也仅仅是基于时间顺序粗略划分的五个阶段。在企业实践中,我们发现针对不同部门的员工或者不同工作性质的员工,适合他们的考核方式也许差异很大。

当结果说、过程说和能力说三种观点都被提出以后,又产生一个新的概念——全面绩效。它假设,绩效是由人的潜能(素质)、潜能发挥(行为)、潜能发挥效果(结果)共同作用的过程。

优秀绩效 = 潜能(能做什么) + 行为过程(如何做) + 结果(做到什么)

潜能、行为和结果就构成了我们对绩效认识的三个横向内容,而由于绩效评价主体的不同,我们又可以将绩效分为个体、团队和组织三个纵向内容。

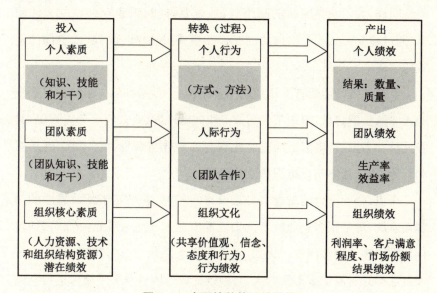

图1-1 全面绩效管理的结构

将个人素质(知识、技能和才干)作为投入,个人在完成绩效过程中的行为(方式、方法)作为转换过程,最终带来的产出就是个体绩效。

将团队的素质(团队知识、技能和才干)作为投入,团队在完成绩效过程中所表现出的人际行为(团队合作)作为过程,最终带来的产出就是团队绩效。

将组织的核心素质(人力资源、技术和组织结构资源)作为投入,组织在完成绩效过程中所表现出的行为(组织文化、共享价值观、信念、态度和行为)作为过程,最终带来的产出就是组织绩效。

所谓全面绩效,无论对个体、团队还是组织,都指的是包括投入、转换和产出三部分的完整的管理绩效形成过程。

要实现个体的高绩效,或者岗位的高绩效,首先需要找到具有产生

高绩效潜质的合适人才,通过职业化的行为标准引导以及充分的激励措施带来产生高绩效的行为,最终实现个人绩效的承诺,这个过程实际上就是个体绩效的全面管理过程。

同样,为了获得团队的高绩效,首先要寻找、组建互补型的人才团队,通过建立团队或者部门协同工作的模式,最终实现团队或者部门绩效的承诺。

组织绩效则需要首先构建组织系统的能力,这种系统的能力包括核心人才队伍的建设、组织结构与业务模式的匹配、高效的业务流程等,具备这种能力以后,则需要通过文化理念的整合与管理,统一员工的思想和行为模式,最终实现组织绩效的承诺。

所以,全面绩效的概念本身是没有问题的,它是基于绩效管理的过程而言的,可是很多企业或者人力资源专业人员忽视了这一点,在绩效评价中出现了很多问题。比如,对员工个人绩效进行管理时,我们应该通过选择具有高绩效潜质的人,对绩效完成过程以及最终结果进行全面管理来保证高绩效的产生,但并不意味着简单地将潜质、行为、结果纳入一张考核表中。

许多企业的考核表中既包括对素质的评价,又包括对行为以及结果的评价,而且都占一定的权重。这样会带来一个问题:当考核结果出来后,假设某个员工得到不合格的评价,那么究竟是需要提升素质还是需要改进行为或结果?如果我们告诉员工行为或者结果需要改进,通常是可以被接受的。但是,如果我们认为一个人的素质需要提升,往往很难达成共识,因为对于素质的概念和内涵,双方的理解有可能差异很大,而且按一般理解,素质是和人的品格相关的。

理论上说,潜质取决于很多方面,往往是一个人过去的生活、工作经历,以及家庭教育背景等长期综合作用的结果,而且理论偏向于认为,个人的潜质到了一定的年龄是比较稳定和难以改变的。有人提出,我们对潜质进行评价,也是为了引导改进,但是正如前述理论所昭示的,潜质的提升往往需要一个更长的周期,对潜质的评价难以做到严格、客观的。反观行为和结果,它们是可以被相对客观地描述和评价的,而且评价的周期较短。

所以"潜质"与"行为和结果"的评价周期不同、方式不同。简单地讲,它们应该是先分后合的关系。绩效评价和改进更应该聚焦于行为和过程,素质的评价则需要专门的工具和方法。

第三节 "管"和"考"本来就有巨大区别

谈论绩效时,经常会提到绩效考核和绩效管理;在专业书籍中,这两个概念也经常交替出现。很多人认为绩效管理就是绩效考核的另一种说法,事实上,绩效管理与绩效考核这两个概念有着本质上的区别。

一、绩效考核的概念

从理论上来说,绩效考核是指一套正式的结构化制度,用来衡量、评价并影响与员工工作有关的特性、行为和结果,考查员工的实际绩效。

对于绩效考核的定义,说法有许多,在较早期的观点中有几种比较经典的描述:绩效考核是对组织成员的贡献进行排序;绩效考核是对员工的个性、资质、习惯和态度以及对组织的相对价值进行有组织的、实事求是的考评,是考评的程序、规范、方法的总和,也是对员工现任职务状况的出色程度以及担任更高一级职务的潜力进行有组织的、

定期的并且是尽可能客观的考评;绩效考核是人事管理系统的组成部分,由考核者对被考核者的日常职务行为进行观察、记录,并在事实的基础上,按照一定的目的进行的考评,以达到培养、开发和利用组织成员能力的目的;绩效考核是定期考评和考查个人或工作小组工作业绩的一种正式制度。

由此,我们可以从以下三个角度理解绩效考核:

(1) 绩效考核是从企业经营目标出发对员工工作进行考评,并使考评结果与其他人力资源管理职能相结合,推动企业经营目标的实现;

(2) 绩效考核是人力资源管理系统的组成部分,它运用一套系统的和一贯的制度性规范、程序和方法进行考评;

(3) 绩效考核是对组织成员在日常工作中所表现的能力、态度和业绩,进行以事实为依据的评价。

归纳起来,绩效考核是指考评主体对照工作目标或绩效标准,采用科学的考评方法,评定员工的工作任务完成情况、员工的工作职责履行程度和员工的发展情况,并且将评定结果反馈给员工的过程。

二、绩效管理的概念

绩效管理是以绩效考评制度为基础的人力资源管理的子系统,表现为一个有序的复杂的管理活动过程。这是指管理者就目标及如何实现目标与员工达成共识,并协助员工达成目标的管理方法。绩效管理不是简单的任务管理,它特别强调沟通、辅导及员工能力的提高。

从以上的定义我们可以看出,绩效管理的范畴比绩效考核的范畴大得多,它更强调管理过程。从语法上看,绩效管理实际上是绩效的管理,"管理"是中心词,也就是说,作为一种管理活动,绩效管理首先应该具备管理的所有职能和特征。

三、绩效管理与绩效考核的区别

（一）绩效管理的管理职能

关于管理的职能，有很多种不同定义，最被大家所认可的是法国管理过程之父亨利·法约尔在1916年提出来的计划、组织、领导、协调、控制。

当绩效管理具备这些管理职能的时候，它就不仅仅是一个评价结果的工作，而成为一个管理循环过程。这个过程不仅强调达成结果，更强调通过管理职能的发挥，通过目标、辅导、评价、反馈等环节促成绩效目标的实现。

据权威机构统计，管理者日常的工作时间大概有70％分配在沟通与协调的过程中，这说明管理本质上表现为一个持续不断的沟通交流过程。那么绩效管理作为一种管理活动，一定也会表现出这种特征，而这恰恰是绩效考核所缺失的。

（二）绩效考核与绩效管理的考核者

管理学里谈到管理的主体是管理者与被管理者所构成的一组关系，那么绩效管理的主体自然就应该是考核者与被考核者所构成的一组关系。能够承担上述管理职能并且与员工共同完成目标的考核者必然是员工的直接主管，因为只有他们最清楚员工的目标，也只有他们能够观察到员工在完成目标过程中的行为表现，以及最终结果和预定目标的差距。

但是在具体的企业实践中，经常有员工的直接主管认为无论是绩效考核还是绩效管理都应该是人力资源部门做的事情，他们给自己的定位更多的是完成业务目标。也就是说，在绩效管理中，人力资源部门和业务主管的角色都面临着重新定位和进一步明晰。

人力资源的概念最早在1954年由德鲁克在《公司的概念》中提出，

中国大概在20世纪80年代初引进和成立了人力资源管理的相关专业学科。企业中真正建立人力资源管理的概念大概是20世纪90年代中后期,在此之前,企业中人力资源管理部门大多被称为人事部或干部人事处,其定位更多的是一个权力审批者或是行政管理部门。

大概在1997年,笔者在内地一家国有企业担任人力资源部经理。当时员工对我们的态度是敬而远之,原因在于我们从事的是传统的人事管理工作,这种定位决定了无论是在招聘、考核还是薪酬调整中我们都是具体的操作者,拥有绝对的决定权,而用人部门只有接收人员和提供意见的权力。

但是当我们要真正实现从人事管理转向人力资源管理的时候,定位必须发生改变,要成为一个专业的职能服务部门,而不再是一个权力审批机构。许多人力资源工作者和用人部门的直线管理者在这个转变过程中出现了困惑:究竟应该承担什么样的职责?甚至很多直线管理者认为人力资源部门是为了逃避责任而把绩效管理的责任转嫁到自己身上。

事实上,如前所述,管理者要真正承担管理的职能就必须运用绩效管理这样一个工具,来和员工共同确定目标,凭借过程中的绩效辅导和沟通来帮助员工完成目标,通过绩效反馈不断提升员工完成绩效的能力,并制定一个个新的绩效目标。通过这种工具把员工充分激励和调动起来,促使员工完成他们的绩效目标,管理者自身的目标也就实现了。这个时候,他才成为一个真正的"管理者",从事的才是真正意义上的管理工作。

人力资源部门在这个过程中作为一个专业的职能秘书机构,成为绩效管理系统的设计者和组织实施者,并且在需要的时候向直线管理者提供相关技术和技能的培训和支持。

(三)具体比较

将绩效考核与绩效管理进行对比,可以发现无论是管理者在其中的定位还是导向,都有着巨大的差别,如表1-2所示。

表1-2 绩效考核与绩效管理的区别

绩效考核	绩效管理
判断式	计划式
评价表	过程
寻找错处	结果导向,问题解决
得-失(Win-Lose)	双赢(Win-Win)
结果	结果与行为
人力资源程序	管理程序
威胁性	推动性
关注过去的绩效	关注未来的绩效

绩效考核更多的是一种判断,考核者或者说主管在其中扮演了判断者也就是裁判员的角色,所以它一定表现出对员工的威胁性,关注的是过去的行为所带来的结果,主要以考核表的方式出现。

而绩效管理是一个动态的管理过程,员工从制定目标时就参与其中,更多表现为共同制定和完成目标的过程,考核者和被考核者都成为目标完成的主体力量。为了完成目标,双方的关注点自然都会在问题解决上,管理者无论是提供资源、指导还是亲自参与,就员工而言,都会感受到对自身能力提升的推动,或者目标完成的推动,所以它更多表现为一种推动性,也就是我们常说的管理者成为了裁判员加教练员。

孙 波 文 库

孙波文库

第二章 组织绩效与个体绩效的改进路径截然不同

笔者经常会接到企业家或者企业人力资源部门的电话，询问是否可以协助他们建立或完善绩效管理体系，以解决企业管理或人力资源管理中遇到的问题。印象最深刻的是，有一次一个企业人力资源总监给我打电话，说他们绩效管理遇到一些问题，问我们能否协助他们改进绩效管理。我们围绕指标设计、分解、绩效沟通机制设计等内容讨论了很久，他突然问我一个问题："孙老师，您所谈到的完善绩效管理体系，从规范职位描述、指标设计分解、绩效管理机制设计到挂钩激励措施等，所有的教科书和所有的咨询公司都是这么说的，而事实上我们过去也是这么做的，但是并没有达到预期的效果，那我们重复做这些是否有价值？"于是我们重新将讨论的重点回归到：企业所谓的完善绩效管理最终究竟要达到什么目的？笔者突然发现，其实很多企业在谈论绩效提升时，所期望获得的是组织整体绩效的提升和改进，而一旦开始着手落实这种期望，又不由自主地聚焦于每一位员工的个体绩效提升上。企业一直认为在个体绩效方面所做的努力能够转化为组织整体的经营成果，然而事实往往并非如此。

当我们认真思考组织绩效和个体绩效的关系时，会得到一个令人惊

讶但却经常被忽视的事实：个体绩效的改进并不能支持组织绩效的提升。这其中的原因是，个人绩效提升与组织绩效提升所需的能力是不同的。想要提升个体的绩效就必须挖掘员工的能力甚至深层次的特质，而提升组织绩效需要的是组织系统能力的提升。组织的系统能力不仅包括对人力资源的管理，同时还有对战略、供应链与价值链、产品与市场、财务与资本运作、组织与流程、知识以及领导力等各个方面的管理。所谓组织能力提升，就是对以上这些方面的提升和改善，我称之为"来自组织内部的破坏性创新"。由此可见，个体绩效与组织绩效之间存在着不小的差异，因此当我们谈论绩效改进的时候，首先必须明确的是，我们谈的是组织绩效的改进还是个体绩效的改进。

第一节　组织绩效和个体绩效都来自能力提升

一、组织绩效和个体绩效实现的过程

彭剑锋教授认为，从全面绩效角度出发，绩效是具备一定素质的人通过符合组织要求的行为达成的效果和效率。其中，组织绩效是组织最终运营的成果。国内学者董克用指出，组织绩效是组织整体的绩效，指的是组织任务在数量、质量及效率等方面完成的情况。概括地说，组织绩效是组织目标的达成情况。对一个企业来讲，是企业目标的实现程度；对一个团队来讲，指团队任务的完成结果。个人绩效是指个人在某一时期内按照企业规则履行岗位职责所达成的结果，包括工作结果、工作行为和工作态度的总和。国内学者杜映梅认为，绩效管理是对组织和员工的行为与结果进行管理的一个系统，是一系列充分发挥每个员工的潜力、提高其绩效，并通过将员工的个人目标与企业战略相结合来提高

第二章　组织绩效与个体绩效的改进路径截然不同

组织绩效的一个过程。

尽管学者们对绩效的定义有所区别,但核心内容都是既关注组织活动成果,又关注员工个体的成果。

从全面绩效管理的概念来看,我们认为无论是组织绩效还是个体绩效,其实现过程都应当包括投入、转换和产出三部分。

对个体绩效而言,投入更多的是指个人所具备的潜质以及相关知识和技能,个人在组织中的行为模式作为一种转换,最终带来个体的绩效。而组织绩效的投入指的是组织所具备的素质,包括组织的硬件建设和投入、内部的管理机制、职业化的管理者和员工等。在统一价值观之下,组织成员相对一致的行为模式就成了转换过程,他们共同带来组织最终绩效的实现。

从这个角度来看,我们会得出结论:无论是组织绩效还是个体绩效,其根源都来自能力。

二、组织绩效和个体绩效来自不同的能力提升

我们在某些专业书籍中所看到的几个不同的概念,比如胜任力、素质、潜质、能力都是由英文单词 competency 翻译过来的。作为能够驱动个体绩效实现的投入,个体能力往往是一个相对全面的概念,包括了"冰山"以上的知识和技能,也包括了"冰山"以下的社会角色、价值观、动机、品质等潜质(见图 2-1)。

相对于浮出"冰山"以上的知识技能,素质冰山模型中"冰山"以下的潜质部分在经历了先天的塑造与后天的培养之后,到了一定的年龄就不易改变。因此,一个人潜在的动机、个性、自我形象、价值观等在一定程度上也是持久不变而且与众不同的。在个体绩效形成过程中,素质的所有构成要素都有着非常重要的作用,而且各个层面的要素相互影响,越底层的部分对表象部分的影响越大,甚至会起到决定性的作用。潜在的

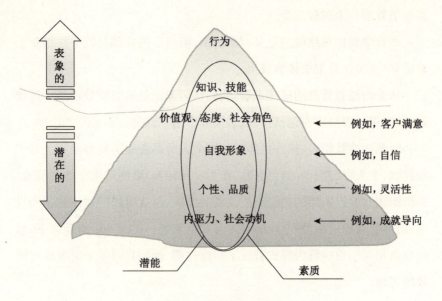

图 2-1　素质冰山模型

这些部分通过推动或阻碍表象部分的方式,影响素质作用于行为的过程乃至结果。也就是说,个体所做出来的行为决定着个体最终的绩效,但是行为更多地受能力或者说深层次的潜质部分的影响。所以我们谈论个体绩效改进或提升时,试图通过绩效指标对员工的行为产生牵引,通过绩效结果的合理运用激励员工符合组织价值的行为得到认可和强化。(从学习理论的观点来说,一个员工的行为取决于他的能力,但是某个行为在得到不断强化之后又会转化为能力。这种能力的改善是提升绩效的根源。)

正如前面分析的,能力是由"冰山"以上的知识技能和"冰山"以下的潜质部分共同作用的,那么我们在通过能力的提升得到绩效改善时,针对不同的能力要素,提升的方式应该是有差异的。知识和技能上的欠缺,我们往往通过技术培训、知识传输来弥补,而深层次的潜质部分的提升,则需要通过更长时间的行为改善,甚至于人岗匹配关系的调整来获得。

组织能力至少包括组织战略、组织结构、内部管理机制、管理团队、企业文化以及信息化能力等,这些共同作为投入来驱动组织最终绩效的获得,所以组织绩效的提升同样来自组织这些能力的提升和改进。如果说个体能力的提升是通过知识传输和人岗匹配关系的调整来实现的,那么组织能力的提升则需要针对以上内容采用不同的方式来实现。

个体能力和组织能力内涵的巨大差异也就决定了我们在探讨组织绩效和个体绩效提升时的巨大差异,虽然它们同样来自能力提升。

当我们谈论个体绩效提升时,主要是通过绩效管理体系的建立和完善,追求的是个体绩效能力的持续改进。

当我们谈论组织绩效提升时,实际上我们需要研究所处行业的发展规律、组织自身的发展障碍或能力缺陷,通过变革的方式逐一突破。

第二节　组织绩效提升的关键是破坏性创新

当企业意识到要追求组织绩效时,往往是遇到了发展的瓶颈。从规模上来看,中国民营企业有几个比较典型的时期:从千万元人民币的销售到过亿元的突破,从几亿元、十几亿元到百亿元销售的突破,过百亿元以后如何跨入"千亿元俱乐部"。回顾一下实现这些不同阶段突破的企业,它们往往是在关键时期运用资本杠杆收购与并购实现规模经济,通过业务模式的创新实现企业转型,或是通过新产品、新业务的孕育实现高速增长。虽然这些企业在这个过程中都对管理加大了投入,但是没有一个企业的组织绩效的大幅度提升是仅仅通过对个体的绩效强化带来的。

一个偶然的机会,我听到我的一位朋友,中国人民大学文跃然教授谈到对组织绩效的看法。他认为企业的成果产生于对客户需要的满足

而不是来自内部管理,认为"以人为中心的绩效是最低的绩效,以方法为中心的绩效是大绩效"。为此,他形象地表述,不同层次的绩效改进与带来组织绩效提升效果的比例关系应该是这样的:辛苦绩效1∶1,流程绩效1∶10,领导绩效1∶100,创新绩效1∶1 000。

我认为这种说法很好地诠释了组织绩效的根源——组织破坏性的创新。我平常看书比较杂,谈到组织绩效时经常会用到"破坏性创新"一词,为了严谨,我专门查了有关文献中对破坏性创新的定义。破坏性创新也称为破坏性科技,是指将产品或服务通过科技性的创新,突破现有市场所能预期的消费改变。我所谓的"破坏性创新"一直是从能力角度来谈的,强调的是通过对经营逻辑和规则的重组来实现组织跨越式的发展。

我辅导过的几家实现突破的企业的高速发展过程似乎也印证了这一点。

案例1

以A文具企业为例,2006年到2008年,该企业虽然每年都有比较高的销售增长,但基本上维持在十多亿元的销售水平。作为一个专业的书写工具制造企业,A文具企业当时已经在国内的笔类市场拥有了非常高的占有率,企业的进一步发展面临着几种选择:通过走向国际化来带动企业发展,经过几年的运行,效果不佳;如果选择多元化道路,企业自身的能力和人才积累都不够;通过收购与并购进一步扩大国内市场,结果也只是企业规模是十几亿元还是二十几亿元的区别,而且整合难度很大。

如何实现从十几亿元到百亿元企业规模的跨越,A文具企业选择了完全不同的道路。

该企业在多年的经营中拥有了一大批稳定的经销商队伍,对渠道和终端的控制能力和影响力也很强，他们利用这样一个优势将组织绩效突破的重点放在渠道整合。

首先提出了对经销商零售门店进行改造。将经销商下属的个体零售门店改造为统一 A 文具标识和设计风格的 A 文具 4S 店，店内的商品涵盖了笔类、学生文具、办公文具、学生礼品饰品等多个门类品种，其中只有笔类产品是 A 文具企业自己生产的，个别门类产品比如书包等是通过贴牌委托加工生产的，更多产品是该企业通过集中采购提供的，但每个 4S 店里所有的产品都必须由 A 文具企业统一配送。

这种改造是非常成功的。在当年，每改造一家门店可以带来每月三万多元的销售收入，一年就是近四十万，当三万家零售门店改造完毕时，意味着一个年销售额一百多亿元的企业应运而生。而这个时候，A 文具企业实质上也就完成了自身的转变，不再单纯是一个笔类制造企业。这种组织绩效的获得我想可以归为破坏性的创新，它实质上是对企业业务模式的颠覆和创新。

案例 2

一家很早就在 A 股上市的 IT 企业向我们提出绩效改善的项目需求。我们深入研究分析后发现，这家企业本身的核心产品处于萎缩和被淘汰的境况，虽然其细分市场占有率达到了 90% 以上，也只能维持每年几亿元人民币的销售收入。所以当该企业向我们提出希望通过强化绩效管理体系带来绩效改善时，我们认为这实际上是一个组织绩效提升的问题。

这家企业虽然成长一直受限，但是拥有很好的人才储备，同时作为上市公司是有一定的融资能力的。基于这些优势，我们提出在维持原有产品的基础上，通过增量的方式带动企业发展。所以这样一个绩效提升的需求就转换为如何通过机制的调整迅速引导新产品、新技术的发育，

进而带来组织绩效的改善。

　　该企业在上市前以及上市初期的迅速发展来自企业董事长也就是创始人所掌握的该专业领域的核心技术,但是随着信息技术的不断发展,董事长本人的知识结构逐渐老化,对新技术的跟踪和研究创新滞后。虽然近几年年轻的研发人员逐渐成熟,也提出了一些创新的产品和技术,但是董事长本人作为一个技术权威,对新产品和新技术的应用具有非常大的影响力。由于前面提到的知识结构老化等问题,在新技术后续投入、应用等决策过程中错失了很多发展机会,一些优秀的研发人员甚至带着新技术和新产品自立门户并且迅速成为竞争对手。

　　我们研究以后认为,该公司所处行业发展的驱动力首先来源于技术创新和应用创新,而且在产业链上相关的企业都是通过创新开拓市场并且迅速超越的。针对企业的关键问题和行业的特性,我们提出该企业绩效提升的关键在于建立起基于创新的内部治理结构,通过机制建设促进创新想法的持续产生、检验以及实现,同时建立起有规则的激励约束和分享机制,促成创新型经营人才脱颖而出。

　　我们首先明确了董事会、经营层、执行层的不同定位。董事会定位为战略方向把控、投资选择、监督经营,经营层定位为筛选创新、分配资源、业务监督,执行层定位为自主创新、执行业务、工作改善。

　　同时与董事会达成一致,经过与原董事长的深入沟通,将他的岗位调整为首席科学家,既发挥他对技术发展总体趋势把握的特长,同时又将他从烦琐的日常管理中解脱出来。

　　在此基础上,我们强化了企业的市场管理职能(MM),建立了集成产品开发(IPD)模式,引导研发人员关注客户需求、直接面对市场,通过一个一个小规模的研发创新团队的激活,带动新产品、新技术的产生;同时配套建立相应的激励约束机制,实现了对创新型人才的充分激励。

　　从这些改进措施上来看,和企业最初的强化绩效管理的设想差异巨大,而我们认为这恰恰是提升企业绩效的关键。对该企业来说,组织绩效提升是其根本目的和需求。

第三节　组织的能力是一种系统能力

我们前面提到组织和个体绩效提升都来自能力提升,但是组织的能力和个体的能力内涵差异巨大。破坏性创新是实现组织绩效的关键,也必须首先基于对组织能力的全面认识。彭剑锋教授关于企业经营的八个方面很好地诠释了组织的系统能力(如图 2-2 所示)。

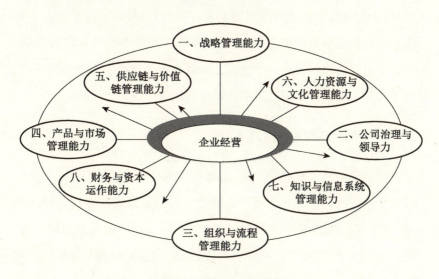

图 2-2　组织的系统能力

一、战略管理能力

一个组织要能够存在和发展,首先必须明确自己的选择是什么,必须基于产业的研究做出干什么或者不干什么的选择。在选择产业的基

础上,要明确企业的商业模式,也就是明确谁是你的客户,客户给你付钱的理由是什么,建立什么样的能力资源来满足客户的这种诉求。当我们研究产业选择、商业模式和能力资源时,其实就是在进行战略管理,所以说战略管理是组织能力的第一个方面。

二、公司治理与领导力

战略有了就要看公司的治理结构,治理结构有几个关键因素。首先要明确的是产权结构,产权结构决定了谁是企业的所有者。其次要解决企业的控制权、决策权、经营权、管理权的配置,也就是所有者和经营者的制度设计。中国民营企业发展的历史轨迹决定了所有权和经营权的重叠,很多企业由于大量内耗制约了进一步发展,而这种内耗很大一部分来自经营权与所有权的争夺、货币资本和人力资本的关系没有理顺。所以企业组织能力的另外一个重要方面就表现为合理的治理结构,也就是通过什么样的机制和制度来解决老板与职业经理人之间的矛盾。

三、组织与流程管理能力

产权关系和经营权明确之后,战略的实施主要通过组织设计与流程设计来承接。我们必须要明确什么样的组织划分模式适合什么样的企业,究竟是事业部制、矩阵制还是其他组织形式更能够激发组织的活力、提升组织的效率、增进组织的协同和共享。同时还必须研究流程划分的基本原则是什么,支撑战略实施的关键流程是什么,能够带来差异化价值的核心流程是什么。

四、产品与市场管理能力

组织问题明确之后,就必须考虑产品与市场的问题,就是一个企业如何向市场提供差异化的产品,这就涉及企业最容易产生问题的部分,即研、产、销如何一体化的问题。现在企业最大的问题是，要么大量的产品销售不出去造成库存积压，要么热销产品断货，这些问题的根源就是研、产、销不能一体化。所以在构建组织能力时，产品和市场管理能力是非常重要的一部分，必须回答生产如何组织、研发模式如何创新、营销模式如何设计的问题。

五、供应链与价值链管理能力

研、产、销问题属于内部价值链问题，内部价值链厘清之后就要着手解决外部价值链问题，也就是供应链与价值链的管理。中国作为一个制造业大国，很多企业之所以成本居高不下，就是因为过分关注生产成本，忽略了供应链成本，而恰恰是供应链成本占了总成本的70%，所以供应链与价值链的管理能力也成为决定企业组织能力的关键因素。

六、人力资源与文化管理能力

现代企业经营者对于人力资源管理和企业文化的认识不断提高，甚至有了经营企业就是经营人才和经营客户的说法，人力资源与企业文化管理能力已经毫无疑问成为组织能力的重要组成部分。一个组织的目标最终必须通过个体来实现，而要通过对个体的充分激励带来高绩效，并保证个体目标与组织目标的一致，就必须构建人力资源管理的机制，必须通过统一的价值观整合个体的行为，也就是必须系统地建设人力资源管理的机制，通过企业文化的建设与员工建立心理契约。

七、知识与信息系统管理能力

在信息化与知识经济时代，企业最大的资产就是信息与知识，人力资源管理的最高层次也是知识管理，企业最高层次的竞争就是知识管理竞争。应当通过将个人知识组织化、隐性知识显性化、知识与经验内生

化、知识信息共享化这四方面的管理提高知识的利用,并且促使知识转化为一种创新的生产力,进而提升组织系统的能力。

八、财务与资本运作能力

财务管理一直是企业非常重视的一个方面,但是很多企业没能将经营计划、预算、信息、统计、审计等整合成系统的财务管理体系。另外,现代企业的发展除了通过业务经营提升之外,还必须依靠资本运作能力来放大企业自身的能力。比如企业依据战略收购兼并,增加现金流,提高企业生产经营能力或者拓宽客户和市场的空间。

综上所述,这八个方面的能力共同构成了组织的系统能力,而组织绩效的提升也必须通过这八个方面有结构的能力提升来实现。

孙 波 文 库

孙波文库

第三章 绩效管理与战略性绩效管理

现在的深圳华为公司已经是一家全球知名的科技公司,但在发展初期的很长一段时间内,华为并没有形成可以明确表述的战略目标,甚至在 2000 年前后,华为公司的销售额已经达到 220 亿元人民币,当外界询问华为的战略目标时,任正非的表述是:"华为没有战略,如果你一定非要问华为公司的战略目标是什么,我们的想法就是怎么样能够在激烈的竞争中生存下去,怎么样比竞争对手多活一口气。"虽然没有明确的战略体系,但华为并没有放松对绩效的管理,恰恰相反,这个以执行力而著称的企业在推行绩效管理时甚至可以称得上十分强硬。在市场体系中试行绩效管理的过程中,华为专门成立了绩效管理办公室,办公室主任如果无法将绩效管理在华为市场体系所属各个部门推行下去就会被换掉。就这样,华为前后换了三到五任市场部绩效管理办公室主任,才初步形成了如今绩效管理体系的雏形。

当我们谈到绩效管理的时候,一般会认为绩效管理是战略实施的工具,通过绩效管理的工具将战略目标层层分解和落实。但现实是很多迅速发展的企业还没有脱离机会导向,还在靠抓住一个一个机会来带动企业发展,从严格意义上来讲还谈不上所谓的战略。这就引发了一系列问题:在这样的企业中,没有制定明确的战略就不能推行绩效管理了吗?

战略要明确到什么程度才能进行绩效管理呢？所谓的战略性绩效管理和一般的绩效管理有什么区别？在本章中，我们就将围绕着这些问题展开讨论。

第一节　绩效管理和战略的关系

要回答绩效管理和战略之间的关系，首先要思考如何看待战略。按笔者的理解，战略并不一定是以某种方式明确表达出来的目标、愿景等，更多的应该是一种状态，也就是企业是不是处在战略状态中，有的时候蒙着打也是一种战略状态。我们不能说野蛮生长是绝对不对的，关键是有没有在野蛮生长的过程中将散点的目标或者阶段性的目标逐渐形成明确的目标体系。无论是机会导向还是野蛮生长，只要企业在发展过程中，就一定是实现一个个目标的过程，无论这种目标是机会导向所产生的，还是竞争状态带来的。

我相信任总的表述是他当时真实的想法，从怎么样提高自己的生活质量，到为跟随自己多年的部下承担责任，到提出振兴民族产业、产业报国，直至"我们将不得不走在成为世界第一的路上"这样宏大战略目标的提出，实际上是他自身追求和愿景不断变化的过程，也是华为公司将散点目标体系化、战略化的过程，这就是我理解的所谓的战略状态。

华为的一个个散点目标之所以能够实现体系化、战略化，很重要的基础是它一年一年的很现实、很具体的销售目标、利润目标、市场目标等能够达成，而这种达成很重要的一个依托就是华为公司严格的绩效管理体系。而什么是绩效管理呢？绩效管理指的是管理者双方就目标以及如何实现目标达成一种共识，并且促使这种目标完成的管理过程。所以我想表述的意思是，一个企业可能没有明确的战略阐释，但它可能就处在一种战略状态中。

一个企业只要在发展中,就是一个个目标被实现的过程。绩效管理是实现目标的管理工具,只要有目标就有绩效管理。

第二节 不是所有的绩效管理都能称为战略性绩效管理

企业里的人力资源专业人员或者咨询公司的咨询师们一谈到绩效管理体系构建或者绩效管理提升,基本上会按照图 3-1 和图 3-2 所展示的逻辑来展开工作。

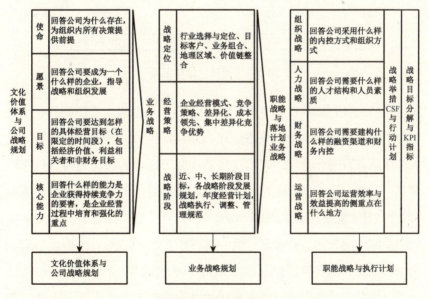

图 3-1 战略落地示意

他们认为要进行科学的绩效管理,必须首先回答企业为什么存在,要成为一个什么样的企业,要达成什么样的目标,这就是企业的战略规划和文化价值体系。只有在这个指导原则之下,才能够明确企业的战略

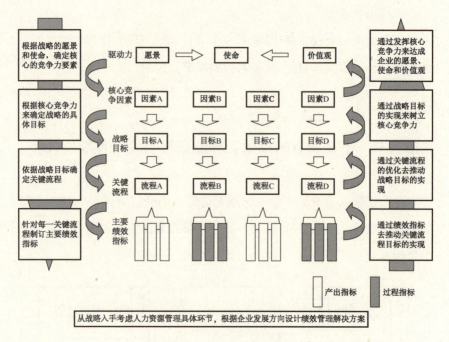

图 3-2 战略具体化示意

定位、经营策略、近期以及中长期的目标等,而这些构成了企业的业务战略规划。要承接这些业务战略规划,必须构建与之相适应的组织模式、人才队伍、研产销运营模式等,这些就构成了所谓的职能战略。只有按照这个逻辑,具备了前面这些条件,企业才能制定出具体的战略举措和行动计划,才能落实到 KPI 指标上。换句话说,他们的逻辑是首先必须依据战略的愿景和使命确定组织的核心竞争力要素,然后依据核心竞争力来确定战略的具体目标,在目标之下形成完成目标的关键流程,然后基于流程落实到具体的岗位和具体的绩效指标上。通过绩效指标的实现来推动关键流程目标的实现,通过流程的作用推动战略目标的实现,进而树立核心竞争力,最终达成企业的愿景、使命和价值观。他们称之为战略具体化设计和战略具体化实施的过程。

这个战略制定和分解的逻辑是没有错的,但这恰恰也是我们会纠结于没有战略能不能进行绩效管理的重要原因。因为我们前面谈的分解过程是基于战略的绩效管理的思考路径，基于这个逻辑展开的就是我们平常所说的战略性绩效管理，是将战略目标具体化的实施过程。但并不是只有战略性绩效管理才能称为绩效管理，绩效管理更加强调的是管理过程，强调的是管理者对下属所承担的教练责任，不仅强调达成结果，更重视通过目标辅导、评价、反馈达成结果的过程。

企业最终是要建立起战略性绩效管理体系，只有通过建立一个统一的绩效管理及激励体系来保持个人行为和公司战略目标的一致性，才能保证个人目标融入组织目标，为公司创造更高的价值。

如果始终停步于或者纠结于战略先行，就会阻碍绩效管理体系的建立。绩效管理体系的构建是管理方式和方法改变的艰难过程，从绩效考核转变为绩效管理，对于管理者和员工来说都必须实现超越和转变。

一个企业的绩效管理体系完善与否取决于很多因素，比如高层管理者的管理意识和对绩效管理的认识程度；中层管理者能否从单纯关注目标、关注业务转向关注员工和帮助员工不断改进；基层员工能否承担自我管理的责任，积极看待绩效管理并不断改进。这些都不是能够一蹴而就的，都必须经过一个漫长的不断推进的过程。有很多企业对这个过程认识不足，过于乐观，想一步进入战略性绩效管理的状态，但往往得非所愿。

这些年在讲课中，我一般会强调绩效管理体系的构建需要一个较长的过程，从具备绩效管理的基本特点到真正实施战略性绩效管理还需要一定的时间和周期。每次总有学生会问："老师，您觉得究竟需要几年时间一个企业能达到战略性绩效管理的状态？"这个问题其实很难回答，因为每个企业的基础和实际遇到的问题都有差异，一般是需要几个完整的绩效年度来不断修正和推进的，一些成功建立了战略性绩效管理体系的优秀企业的历程也都印证了这一点。

所以,当我们把"战略"与"战略状态"、"绩效管理"与"战略性绩效管理"的基本概念厘清之后,我想没有明晰的战略是否可以推行绩效管理这个问题的答案也就不言而喻了。

孙 波 文 库

孙 波 文 库

第四章 绩效管理体系有效的唯一标准在于适用性

我曾经服务过一家企业，在1998年的时候，一年的销售额能达到五千万左右。作为当年保健品行业的新生力量，这家企业采用了很多灵活的机制，吸引了一大批行业内的营销人才。用简单"大包制"的方法极大地调动了这些人才的积极性，带动了企业的迅速发展，同时也引发了一些不规范行为。当企业发展壮大后，老板提出要进行规范化管理，于是引进了某跨国医药公司的一位职业经理人担任总经理。这位总经理上任之后的第一件事情就是建立完善的绩效管理体系，于是引进了他原来服务的跨国医药公司成套的绩效管理制度。从理论上来说，这些制度和管理规范是完全正确的，但是在这家企业的应用效果却不尽如人意。由于过于超前，这套一步到位的管理体系虽然规范但却制约了企业的灵活性，并且大大增加了管理沟通的成本。企业老板的想法本来是非常美好的，希望在迅猛发展的势头下借助职业经理人的力量迅速突破亿元销售大关，但是经过两年的运作，不仅没有实现这一目标，反而导致大量骨干流失，销售业绩下滑，企业错过了很好的发展机遇。

关于"是不是所有的企业都需要绩效管理"这一疑问，背后存在的误区是：一提到绩效管理，企业就认为应当是理想状态中比较完善的绩效管理体系。然而由于发展阶段、管理成本等因素的限制，企业不可能也

不需要在所有的发展阶段都构建一个完善的绩效管理体系。企业的管理模式应当是适应当前发展需要的,并且有助于实现企业目标的,盲目追求先进、完善的体系反而容易造成更大的问题。因此,绩效管理是伴随企业发展的一个循序渐进、不断完善的过程。

第一节 绩效管理体系的构建是分阶段的

绩效管理的本质是追求改进,而绩效考核更重视区分功能,一个完善的绩效管理系统对于企业内部的管理氛围、管理者的管理能力以及员工的职业化程度是有一定要求的,所以绩效管理体系的构建过程也表现出一定的阶段性。

第一阶段:氛围营造阶段

这个时候,首先强调的是管理者承担管理责任,对员工的绩效完成情况进行识别和评价,使管理双方首先适应评价与被评价。如果仅仅是对员工的绩效完成情况进行评价,而不和相应的激励或惩罚措施相结合,往往不能引起员工足够的重视。但是如果这个时候,将考核结果与薪酬激励完全挂钩,则会因为管理者本身能力不健全使得评价不够准确,导致员工对于绩效考核不认可或完全抵制。

所以在氛围营造阶段,主要强调的是双方适应并习惯考核与被考核、评价与被评价。为了实现这一目标,我们通常要求慎重使用考核结果,与奖惩措施部分挂钩或者以正向激励为主。

第二阶段:规范化导入阶段

这个阶段,我们不仅要求双方能完成考核与被考核的过程,同时会更加强调过程中的沟通,包括计划阶段制定目标的沟通、过程中的纠偏沟通、考核后的结果反馈,通过这种沟通的过程来暴露考核评价中存在的问题。沟通的过程也会对管理者的能力提出更高的要求，促使管理者完成自身定位的转变，从关注事转到关注人。

当然，这个阶段也必然会对评价本身的准确性、公正性提出更高的要求。设想当双方都习惯于评价与被评价，但是通过沟通发现总是无法达成共识时，自然就会对考核指标设计、考核工具使用的科学性提出要求。所以我们把这一阶段定义为"规范化导入阶段"。

第三阶段：机制形成阶段

当我们通过前面两个阶段使得管理双方习惯考核与被考核，同时又能够相对科学、公正地评价员工的绩效而且双方能够达成共识时，就可以将绩效结果充分地与相应的激励、惩罚、晋升等管理措施相结合。通过这些管理措施作用的发挥，来引导员工将注意力由关注绩效结果转向关注持续的改进，这时候才能称为一个完善的绩效管理系统。

从以上三个阶段的划分可以看出，一个完整的绩效管理体系的构建是一个不断完善的过程，同时也是需要一定时间的，而从一个相对完整的绩效管理走向战略性绩效管理则更加漫长。

第二节　所谓的先进、科学可能会误导你

由于在企业经营过程中面临着许多现实问题亟须解决，所以当管理学者提出绩效管理体系能够比绩效考核更好地提升组织和员工的绩效时，企业往往忽视了以上的三个阶段和企业自身发展的现实条件，盲目地追求所谓更加科学和先进的管理方法和工具，在不具备一定管理基础的情况下追求绩效管理体系的完善性，反而带来了很多的问题，像这样的例子举不胜举。

企业的管理问题往往带有系统性和阶段性的特点，人力资源管理问

题更是表现出这样的特征。从系统性上来说,表面上是企业缺乏系统的管理制度及管理机制,但其本质可能是企业缺乏对人力资源管理的系统思考与定位,关键问题可能在于缺乏管理的环境、高层管理者的承诺、职业化的经理、职业化的员工。比如说绩效管理问题,很多企业寄希望于通过建立科学、规范的制度体系来解决绩效管理中遇到的问题,但是如果对人力资源的价值定位本身认识有偏差,再科学的制度和机制也很难达到预期的效果。同时,管理的环境氛围以及管理者与员工的职业化程度也会对制度和机制的适用性提出挑战。

一、对人力资源价值认识的四个阶段

（一）"人仅仅等于力的输出者"阶段

在农业经济时期或者工业经济早期,土地和资本是生产力的第一要素,拥有土地的人或者资本的所有者雇用劳动者并期望他们像机器一样听话,追求的是机械效益。这个时候对人力资源的认识停留在"人仅仅等于力的输出者",我们称之为人力资源价值认识的第一阶段。

（二）"人事匹配"阶段

后工业经济时代,智力资本对经济增长的贡献率不断提高,管理者意识到某些人从事某些工作确实会比其他人成本低、效率高,意味着通过合理的配置、有效的激励等手段可以使人力资源价值得到最大限度的挖掘与发挥。这一阶段已经模糊意识到人身上所具有的价值,但还是以满足工作的需求为前提,所以我们称之为"人事匹配阶段",即选择合适的人到特定的岗位上达到低成本、高效率的管理目的。

（三）"人事互动"阶段

随着知识经济时代的到来,智力资本成为生产力发展的第一要素,通过有效的配置和充分的激励,管理者发现不仅可以实现低成本、高效率的管理目的,甚至可以促进人和事的共同发展。在这一阶段,管理者

意识到人作为智力资本的拥有者，与生产力的其他要素存在着明显的差别，人更加追求自我实现、自我发展。这一阶段的显著特征是需要独立评价"人"所具有的知识、经验、管理技能的价值，通过人和事之间的科学配置带来"人"本身的发展，同时带来"事"的标准的提升。所以我们称之为"人事互动阶段"。

（四）"人是目的"阶段

知识经济进一步发展，企业传统的基于资源、能力去预设目标的经营假设遇到巨大挑战，人本身的发展越来越成为组织经营实现的目标。通过强调个体的作用与价值，组织作为平台支撑个体实现价值，进而与个体分享价值。

二、企业发展不同阶段的绩效管理重心

当一个企业缺乏完善的绩效管理制度和机制，却盲目地基于"人事互动"阶段或"人是目的"阶段对人的价值的判断，设计所谓科学、先进的绩效管理体系，而企业老板或者管理层对人的价值的认识还停留在"人仅仅等于力的输出者"这一阶段，可以设想这个体系对于这个企业显然是超前并且不适用的。

企业处在不同的发展阶段时，管理的重心和侧重点应该有所不同。

（一）企业发展的初期

在企业发展的初期，一般会表现出人治的特点，老板往往会通过身先士卒的垂范作用来带动员工。这个时期，绩效管理的重心不是规范化，因为追求规范可能会导致规矩太多而损害企业的活力，重心应该放在强化角色和情感维护上。

（二）企业发展到一定阶段

当企业发展到一定阶段，大量职业经理人和新员工进入企业，表现出与创业团队、老员工在理念、行为方式等方面的冲突时，就说明企业需

要构建一个统一的管理平台。这个时候绩效管理的重心就应该放在建立标准、规范,优化流程、素质,提高效率上。

(三)企业进入稳定发展阶段

当企业进入一个稳定发展时期,会出现组织僵化和官僚化的特征,这个时候则需要发挥绩效管理的导向作用,牵引文化创新、学习创新,提高融合力与竞争力。

所以,有效地改进与完善企业人力资源管理体系或者绩效管理体系绝不是一锤子买卖,而应该是一个不断创新和推进的过程。管理的原则在于解决问题,而衡量解决问题的策略有效性的唯一标准在于适用性,有些看起来很先进的方法工具可能并不一定适用于某个特定的企业。

三、最适合的才是最好的

每个公司在发展过程中会因为各种各样的原因形成截然不同的管理风格和管理方式,当我们以咨询顾问的角色进入一个企业并试图诊断企业问题时,通常会以一个既定的规范管理的模式或者规范管理的组件去一一对应并提出这个企业存在的问题。也就是说,企业之所以存在问题,是因为不符合我们既定的所谓最佳管理实践。当然,我们会给它扣一顶很大的帽子,如不能支撑企业战略实现、功能缺失或者体系落后等。

但是,假如我们换一个标准去衡量,也许会得到截然不同的结果。比如,我们以员工的状态来衡量,或者以组织绩效的提高为标准来衡量,就会发现一个算不上有管理体系的、看起来乱糟糟的公司,可能组织绩效一直在高速增长,员工一直士气很高,那么不符合最佳管理实践的那些问题还是问题吗?谁敢保证规范化管理以后就能达到或者超越现在的状态呢?

任正非在《管理的灰度》一文中有这样的相关诠释:"我们要有管理改进的迫切性,但也要沉着冷静,减少盲目性。我们不能因短期救急或短期受益而做长期后悔的事。不能一边救今天的火,一边埋明天的雷。管理改革要继续坚持从实用的目的出发,达到适用目的的原则。"

对此,我的理解是:当企业遇到问题时,如果不能结合实际需要适时建立、创新管理机制与体系,将会使问题走向不确定,后患无穷。但是,在遇到问题的时候,不合时宜地盲目追求管理机制的先进性、完整性,同样可能自寻烦恼,甚至破坏巨大。

孙 波 文 库

孙波文库

第二篇 基础篇

第五章 没有沟通就没有绩效管理

目前在许多企业中，对绩效管理的认识存在着一种非常奇怪的现象，一方面各级主管都认同绩效管理工作对于员工绩效水平和技能提高的重要性；另一方面，绩效管理工作在具体推行的过程中总会遇到很大的障碍，造成这种障碍的原因往往又是各级主管自身。

在这些企业中，各级主管虽然认为绩效管理工作非常重要，但是当人力资源部门组织业务部门进行绩效考核工作时，业务主管往往会强调业务工作的重要性和复杂程度，认为绩效考核工作应当是人力资源部门的事情，业务部门做这些是在浪费时间和精力。实在不得不进行考核时，往往也是主管们根据自己对下属的印象，作出一个非常主观的评价。员工既不清楚上级是如何进行评价的，也不知道工作中存在哪些问题，而这些问题是由什么原因造成的、应该如何改进就更加无从知晓。这使得绩效考核工作不仅成为管理者的一项额外的工作，同时也遭遇员工巨大的抵触和反感。

绩效管理是管理者与员工之间就目标的制定和实现达成共识的过程，是帮助员工成功实现目标的管理方法，因此这个过程中真正的主角必然是企业经营活动中的所有管理者和被管理者，绝不是某一个部门或个人的事。人力资源部作为服务性的职能部门，在绩效管理过程中应当承担起组织、支持、服务和指导的作用,而不是代替部门管理者执行绩效管理的主体;管理者作为绩效管理过程的主导一方,具有帮助下属提升能力和绩效表现的责任,要想实现这一点,就需要在管理过程中不断为员工的工作表现提供反馈与指导,通过持续沟通矫正员工的行为,循序渐进地提升员工的能力,伴随员工成长,共同完成绩效目标,而不只是在考核时提供一个结果。

第一节　人人都要承担绩效管理责任

我们一提到企业管理,尤其是人力资源管理时,马上就会想到招聘、绩效、薪酬、培训等具体管理职能,但是即便我们将这些职能模块建立得非常精细和完善,企业的问题并不一定就能得到解决。也许我们需要首先跳出职能以外去思考企业的管理问题,也就是说,要从更高的层面上去思考企业的管理问题。

一、人力资源与企业经营的关系

当我们站在人力资源系统之外去思考人力资源问题时,起点就发生了变化,就需要首先从核心能力的角度出发去看待人力资源管理与企业经营之间的关系。自哈默尔教授在1990年《哈佛商业评论》上提出核心能力理论以来,关于核心能力的概念一直有不同的认识,我比较认同"核心能力是组织具备的应对变革与外部竞争并且取胜于竞争对手的能力的集合","是一个过程,在这个过程中企业评价自身的优劣势,将自己与竞争对手进行对比,并通过扬长避短的一系列行为,为顾客提供高于竞争对手的价值"。

传统的获得核心能力的方法是通过对资源的独占或者差异化的使

用来实现,比如大多数中国民营企业在发展初期往往通过信息在时间和空间上的差异化使用获得核心能力和竞争优势。但是随着科技的进步以及IT技术的广泛应用,对资源的独占和差异化使用变得越来越难以实现,企业必须构建能够持续提供"更好的产品与服务、比对手更低的价格"的组织能力。这种组织能力是一种系统能力,只有当企业所拥有的市场拓展能力、技术创新能力、财务获利能力等局部环节的能力拥有共同的根基时,才能形成系统的能力,共同的根基包括资源共享的流程与机制、业务模式、核心价值观以及人力资源开发与管理。

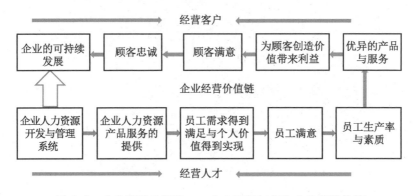

图5-1 企业经营价值链——人力资源如何为企业创造价值

企业生存和发展的核心命题是可持续发展,可持续发展的现实依据来自不断增长的财务收益,来自客户的忠诚与持续购买。客户是为价值而付费,所以客户的忠诚与持续购买来自企业为客户所创造的价值,而这种价值必须由核心能力来支撑。人力资源的管理与开发作为核心能力的重要根基之一,就与企业的可持续发展之间建立了紧密的联系,所以有的学者提出经营企业无非经营两点:经营客户与经营员工。

这个概念提出来以后,被企业的高层管理者们迅速接受和认同。毫无疑问,经营客户是研、产、销部门的任务,经营员工则成为人力资源部门的职责。但是人力资源部门究竟该如何履行这一职责,在定位上又出

现了很多的偏差和概念混淆。

比如说绩效管理问题,当人力资源部门要求业务部门进行绩效管理时,业务部门的主管通常会讲:"我们做业务工作已经够忙的了,你们还要我们填写各种表格,把你们的工作转嫁给我们。"

事实真的是这样吗?人力资源部门当然应该承担绩效管理的责任,但是业务部门才是绩效管理的实施主体。出现上述现象的关键在于人力资源部门与业务部门在承担人力资源开发与管理的责任时定位不清。

随着我们对人力资源管理的认识不断提高,企业人力资源部门的定位也不断调整和清晰。在20世纪90年代初,企业纷纷在原来人事部、组织部的基础上建立起人力资源部,但是仍然沿袭了过去作为"权力审批机构"的定位,工作职责也主要是传统的人事管理工作。现代企业则越来越多地要求人力资源部门承担专业化职能秘书机构的角色,但是在这个转型过程中出现了很多问题,尤其是人力资源部门和业务部门的职责混淆问题。

二、人力资源部门的定位

彭剑锋教授在2000年前后就提出了人力资源部门转型后的三个定位:

首先是研发者的角色。企业人力资源部门应该识别企业内人才的类别,研究各类人员的特点,开发适合他们特点的人力资源管理产品。比如如何能够针对生产人员的特点制定相应的招聘策略,如何针对销售人员的需求制定适宜的激励措施,如何针对研发人员的习性制定合适的管理模式,等等。

其次是推销员的角色。人力资源部门研究出来的人力资源管理产品,作为管理工具,必须交由管理的主体来使用,管理的主体就是管理者与被管理者所构成的一组关系。所以,这些工具是应当通过直接主管及其下属的使用来实现管理功能。

就绩效管理而言,最清楚每个员工工作任务和任务完成情况的一定是与他朝夕相处的直接主管,人力资源部门是不可能清楚这些的,所以人力资源部门开发出来的绩效管理工具必须由直接主管和员工来使用和实施。当然在现实工作中,人力资源部门推进绩效管理体系的过程不可能表现为一种推销的方式,但其本质上就是推销。

再次是咨询专家与培训专家的角色。直接主管必须在人力资源部门的指导和培训下才能够很好地运用这些管理工具,实现管理目的。这个时候,人力资源部门要发挥自身的专业性来支撑业务部门管理活动的有效进行。

管理者为什么需要这些管理工具?管理就是同人一起,或通过别人使活动完成更有效的过程;是管理者通过计划、组织、领导和控制手段,协调组织资源以实现组织目标的过程。一个优秀的管理者和一个不称职的管理者的最大区别在于员工被激励的状态,管理者必须对员工被激励的状态承担责任。员工能否实现被激励取决于很多因素,绩效管理就是一个非常有效的工具。主管通过设定目标对员工进行牵引,通过过程辅导和绩效结果的应用实现对员工的激励,促使员工完成预定的目标。当分解给员工的目标都实现时,管理者的目标也就得以实现。管理者只有在从事这些工作的时候,才是真正在履行计划、组织、领导、协调、控制的管理职能,才能称为管理者。所以绩效管理的具体实施者应当是直线管理的经理们,这项工作不是他们替人力资源部门额外承担的,而是作为一个管理者必须履行的责任。

人力资源管理不仅是人力资源管理部门的事情,还是全体管理者的责任,绩效管理更是如此。绩效管理强调各级管理者的参与和管理责任,是管理者的主要管理工作,尽管不同层次和不同职能的管理者在绩效管理中的责任有所区别。与员工确定绩效计划、绩效标准、对员工进行过程的监控与辅导以及对员工进行激励都是作为直接管理者的一线经理的人力资源管理责任,一线经理要承担起对人的管理的责任。

三、绩效管理中各层管理者的责任

如图 5-2 和表 5-1 所示,不同的职能部门在企业绩效管理系统中的责任也是不同的,只有对这些部门的责任进行清晰的定位,才能真正使各个部门都参与到绩效管理中来。

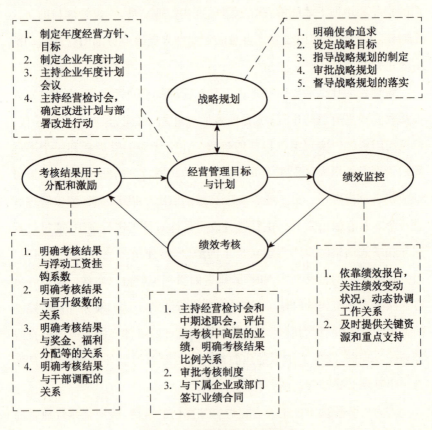

图 5-2 绩效管理的主要环节

表 5-1　绩效管理中的角色

职能部门	绩效管理中的角色
人力资源部	绩效管理系统的设计者和组织实施者、绩效管理的宣传和培训者
部门管理者	考核制度的细化(根据部门特色、职能特色)
HR 及管理者共同的责任	考核指标的建立(细化到每个职位)
各级管理者	绩效管理的实施(计划、交流、观察、评价、沟通)

(一) 高层管理者的责任

高层管理者在绩效管理的不同阶段承担的责任也是不同的,主要责任包括:

(1) 确定企业战略规划;

(2) 组织开发和设计战略成功关键要素(CSF)和财务评价标准;

(3) 组织制定企业年度经营管理策略目标,提供资源和政策支持;

(4) 定期重点关注企业一级经营指标变动状况,发现问题及时组织评估,定期召开经营检讨会,对阶段性经营管理状况进行检讨,制定对策;

(5) 指标分解到部门,审核部门绩效指标,并确定绩效考核指标的权重;

(6) 与部门签订业绩合同或目标责任书;

(7) 组织开展中高层管理人员的中期述职。

(二) 中层管理者的责任

中层管理者的主要作用是分解部门承担的组织目标,并指导和帮助下属完成计划目标,是绩效管理实施的关键主体之一。

中层管理者承担的责任主要包括:

(1) 依据企业发布的战略规划及企业绩效指标体系,明确本部门年度及季度的策略目标和经营管理重点;

(2) 设计部门绩效指标和绩效计划方案,从部门职责响应企业战略和企业绩效指标体系;

（3）就审核通过的部门绩效计划与企业签订业绩合同或目标责任书；

（4）设计部门绩效执行计划和职位 KPI；

（5）参加企业中层中期述职；

（6）组织部门内绩效考核；

（7）与下属沟通确定绩效改进目标与计划。

（三）人力资源部门的责任

人力资源部门在绩效管理中的角色应当定位为绩效管理系统的设计者和组织实施者、绩效管理的宣传和培训者，也就是扮演研发者、推销员加培训专家的角色。

部门管理者应当基于部门特色、职能特色来细化本部门的考核制度，同时具体实施绩效管理，包括计划目标，观察下属的绩效完成过程，对下属进行绩效辅导、评价与沟通。

人力资源部门和管理者共同的责任是建立考核指标，人力资源部门作为专业机构，支持业务部门对公司的战略目标进行分解并细化到每个部门和每个职位，构成他们可执行的考核指标。

某著名 IT 企业人力资源总监曾说过一句话："企业管理等于人力资源管理，人力资源管理等于绩效管理。"我想他所要表达的意思也是在强调绩效管理作为管理者的重要职责，应当是管理者实现管理功能的主要工具，从这个角度可以说管理就是绩效管理。

第二节　没有沟通就没有绩效管理

管理的主体是管理者与被管理者所构成的一组关系，其本质是沟通与协调。通俗地讲，占用管理者时间最多的工作实际上是说话和听别人说话。说什么？向上级汇报、与同级沟通、对下属进行指导。听什么？听取来自不同层面的指示、解释和汇报等。绩效管理作为一种管理活动，同样应该表现为持续不断的沟通与协调。正如绩效管理的定义中所提到的，"绩效管理是管理者就目标及如何实现目标与被管理者达成协议，并促使协议完成的过程"。

一、绩效沟通的内容

表 5-2 绩效沟通

绩效管理阶段	各阶段的沟通
计划	员工 ⇄ 主管（反馈沟通／反馈沟通）
辅导	员工 ⇄ 主管（反馈求助／反馈指导）
检查	员工 ⇄ 主管（反馈说明／反馈纠偏）
报酬	员工 ⇄ 主管（反馈改进／反馈鼓励）

绩效管理强调员工与主管的共同参与，强调员工与主管之间形成绩效伙伴关系，共同完成绩效目标的过程。这种员工的参与和绩效伙伴关系主要表现为在绩效管理各阶段持续不断的沟通。

（1）在计划阶段，双方沟通的内容主要围绕目标的设定展开，表现为员工与主管就目标以及支撑目标实现的资源假设进行反复讨论并达成一致的过程。

（2）在辅导阶段，员工与主管沟通的内容更多的是求助，就绩效完成过程中遇到的问题和事先无法预见的状况向主管寻求支持指导或资源上的帮助，主管更多的是提供一种指导，通过技能的指导或者资源的协调帮助员工解决遇到的问题。

（3）在检查阶段，主管就员工在绩效完成过程中出现的问题反馈纠偏，员工更多的是反馈、解释、说明，双方通过沟通来共同解决偏差。

（4）对员工经过一个阶段努力工作的成果进行客观的评价本身就相当于赋予员工的一种报酬，所以我们把这个阶段称为报酬阶段。在这一阶段，主管主要反馈对员工绩效完成情况的评价与认可，员工反馈对自身绩效的认识，双方共同制定改进计划。

绩效沟通是绩效管理区别于绩效考核的关键所在，对于员工和主管双方来说都有着重要的作用和意义。

对于主管而言，及时、有效的沟通有助于全面了解被考核员工的工作情况，掌握工作进度信息，并有针对性地提供相应的辅导和资源。及时、有效的沟通还有助于主管客观、公正地评价下属的工作绩效。更为重要的是，主管通过沟通帮助和推动下属的能力不断提升，下属通过沟通参与到对自身的管理中，这些都会极大地提高员工对绩效考核，以及与之紧密相关的激励机制的满意程度。

对员工而言，及时、有效的沟通有助于员工发现上一阶段工作中的不足，与主管共同确定改进点。这是双方共同解决问题的一个机会，也是员工参与工作管理的一种形式。

二、沟通的形式

沟通有很多种形式，通常划分为正式沟通和非正式沟通。

正式沟通主要指的是按照组织明文规定的原则、方式进行的信息传递与交流，如组织内的文件传达、定期召开的会议、上下级之间的定期汇报以及组织间的公函来往等。正式沟通是事先计划和安排好的,如定期的书面报告、面谈、有经理参加的定期的小组或团队会等。

(1) 定期的书面报告。员工可以通过文字的形式向上司报告工作进展、反映发现的问题,主要有周报、月报、季报、年报。员工与上司不在同一地点办公或经常在外地工作的人员可通过电子邮件传送。书面报告可培养员工理性、系统地考虑问题,提高逻辑思维和书面表达能力。

(2) 一对一正式面谈。正式面谈对于及早发现问题、找到和推行解决问题的方法是非常有效的;可以使管理者和员工进行比较深入的探讨,可以讨论不易公开的观点;使员工有一种被尊重的感觉,有利于建立管理者和员工之间的融洽关系。但面谈的重点应放在具体的工作任务和标准上,鼓励员工多谈自己的想法,以一种开放、坦诚的方式进行谈话和交流。

(3) 定期的会议沟通。会议沟通可以满足团队交流的需要;定期参加会议的人员相互之间能掌握工作进展情况;通过会议沟通,员工往往能从上司口中获取公司战略或价值导向的信息。但应注意明确会议重点;注意会议的频率,避免召开不必要的会议。

非正式沟通是一种通过正式规章制度和正式组织程序以外的其他各种渠道进行的沟通,包括走动式管理、非正式会谈、休息时间的沟通等。非正式沟通可以有效弥补正式沟通渠道的不足,传递正式沟通无法传递的信息,使用得当可以帮助管理者了解在正式场合无法获得的重要情况,了解员工私下表达的真实看法,为正确决策提供有效依据。非正式沟通和正式沟通不同,它的沟通对象、时间及内容等各方面都是未经计划和难以辨别的。其沟通途径是通过组织内的各种社会关系,这种社会关系超越了部门、单位以及层级。任何组织都或多或少地存在着这种非正式沟通途径。对于这种沟通方式,主管者既不能完全依赖,用以获得必需的信息,也不能完全忽视,而应当密切注意错误或不实信息产生

的原因，设法给组织人员提供正确而清晰的事实。

这两种沟通形式在绩效管理中都有着非常重要的意义。正式沟通会强化员工的组织意识，促使员工按照组织规则行为处事，在绩效管理中合理运用正式沟通的形式能够强化员工的目标意识和责任感。非正式沟通最大的特点是及时性，对于员工优秀绩效行为的及时认可能够很好地激励员工，并促使员工重复出现这些行为。

三、面谈沟通

绩效管理的核心目的是不断提升组织和员工的绩效水平，这一目的能否实现，沟通依然起到决定性的作用，尤其是评价阶段的绩效面谈和反馈。主管对员工的绩效情况进行评价以后，必须与员工进行面谈与沟通，通过面谈使员工清楚组织和主管对其工作绩效的看法，共同分析原因，以便在以后的工作中不断改进绩效、提高技能，并共同确定下一个绩效管理周期的绩效目标和改进点。

在面谈沟通中，主管应该对员工进行正面和负面的反馈。正面的反馈就是对员工的优秀绩效行为进行真诚、具体、及时的认可，让员工知道他的表现达到或者超过了主管对他的期望，明确他的行为和表现是被认可的。

负面反馈的目的是期望员工能够改进不良行为。为了达到这一目的，要尽量避免对员工的行为进行定性，以免员工出现对抗情绪。应该对事不对人，客观、准确地描述员工的行为以及这种行为所带来的后果而不是下判断，征求员工的看法，并且探讨下一步的做法。只有这样才能达到激励员工改进的目的。

假设将员工的绩效结果相对公正、科学地评价出来对于绩效管理最终目的的实现起到50%的作用，那么还有50%的因素来自有效的反馈沟通，也就是绩效反馈面谈。

第五章 没有沟通就没有绩效管理

假如绩效结果出来以后,我们这么和员工谈:"某某,因为上级要求必须有一个人被评为绩效不合格,这次我们就定为你,下次一定不会了。"那么可以设想,我们所期望的改进是不可能实现的。

所以,如何和员工进行有效的绩效反馈面谈是非常重要的。绩效反馈面谈时,主管一定要清楚自己的责任是什么。在绩效反馈阶段,考核者应与被考核者共同对照考核目标与工作结果,找出差距,明确下阶段绩效目标和改进目标。在这个阶段,主管需要综合收集到的考核信息,公正、客观地评价员工。经过充分准备后,主管应就考核结果与员工进行面对面反馈,反馈内容包括肯定成绩、指出不足及改进措施、共同制订下一步目标计划等。

反馈是双向的,主管一定要注意留出充分的时间让员工发表意见。

绩效反馈阶段是考核者和被考核者双方都比较紧张的一个时期。因为员工辛辛苦苦工作了一个周期后,其实也非常想知道组织或主管对自己的工作付出究竟是怎么评价的,这种评价本身也是员工应得的报酬。但是,员工也非常清楚,对自己绩效完成情况的评价一定会和薪酬待遇挂钩,所以员工会表现出比较紧张的状态。

对于主管来说,平常在工作过程中可能有意识地淡化了管理者的角色,但是在绩效沟通阶段则必须以领导的身份就员工的绩效完成情况进行客观评价并反馈给员工。很多管理者无法承受这个压力,也会表现得比较紧张。

当双方都比较紧张时,主管需要承当更加主动的责任去化解这种紧张的状态,尽可能营造一个和谐的沟通氛围。同时尽量避免:沟通时肯定员工成绩少,指出不足及改进多,对员工激励不够;单向沟通多,员工正式表达意见机会少,不对员工的感受负责;沟通时说服员工接受考核多,真正解决员工绩效完成过程中遇到的问题少。

另外,在面谈的过程中,主管应当注意控制面谈的议题和内容,要果断终止无结果的辩论,避免冲突和对抗的出现。

绩效反馈面谈首先应当营造一个和谐的气氛,然后主管和员工双方对照每项工作预设的目标考核完成的情况并共同分析成功和失败的原因,同时双方应该就员工在完成目标过程中所表现出的工作能力上的强项和有待改进的方面进行讨论,提出下一阶段的改进计划,结合改进计划确定下一周期的绩效目标。在确定绩效目标时,一定要就达成目标所需要的支持和资源进行充分的讨论,只有双方就目标以及实现目标所需资源达成一致才意味着目标有可能被实现。

一般来说,绩效面谈过程可以分为三个阶段:绩效面谈准备阶段、面谈阶段和确定绩效提出改进计划阶段。

在第一个阶段,双方首先要明确面谈的目的是为了对员工的绩效表现获得一致的看法,为此双方都要在面谈前做好充分的准备。除了需要主管依据收集的相关资料、根据预定目标对员工进行客观评价,以及员工做好自我评估工作外,主管还需要选择最佳的面谈沟通时间、场所,计划开场、谈话以及结束的方式等。不同业绩表现、不同性格特点的人在进行绩效面谈时可能会表现出不同的关注点,所以,如何调动不同的人,使得他们都愿意持续进行绩效改进,而不会产生抵触情绪,面谈前的心理准备也是非常重要的。

比如,绩效比较优秀的人可能在面谈前会有一个想法,"虽然我可能还存在一些小的问题,但是在团队中我已经是最优秀的",这个时候如何肯定员工的业绩表现,如何引导员工进行持续改进,事先一定是要认真准备的。当然,可能有些业绩居中的人会认为自己比上不足,比下有余,那么,同这个群体沟通的方式一定要和前一类优秀业绩的人的沟通方式有所差异才能达到面谈沟通的目的。所以,绩效面谈前的心理准备是非常必要的。

我们将面谈过程称为绩效面谈的第二个阶段。在这个阶段需要始终关注三点：面谈形式、面谈目标和面谈要点。就面谈形式而言，主管要尽可能调动员工参与，诱导下属讲出对自身业绩的看法，不要采取批评的方法，双方应该以平等的方式就员工业绩进行讨论。面谈时要尽量避免没有目的的漫谈，整个面谈应当以达成对员工业绩评估的一致看法和提出新的绩效计划为目标。面谈要点始终放在工作业绩上，不要涉及人格问题。要以改进为重点，而不是仅仅关注员工已经做了什么，更要关注在未来员工需要改进什么，怎么带来更好的绩效。

在面谈沟通的最后一个阶段，需要双方确定员工上期的绩效评价结果并提出改进计划，形成新的考核周期的绩效目标。当双方就考核结果达成一致时，应当签字确认，同时就被考核者的工作弱项或升迁等人事调整进行讨论，提出相应的改进计划。改进计划构成了下期绩效目标的基础，所以应当尽可能提出具体的改进行动，包括做什么、谁来做和何时做等。改进计划要具有实际性、时间性和具体性。

我们可以看到，在绩效管理的各个阶段都在强调沟通的重要性，而且沟通成为管理者最主要的工作内容和工作形式，有没有充分的沟通环节成为绩效管理和绩效考核最本质的区别之一，没有沟通就没有绩效管理。

孙波文库

孙波文库

第六章 绩效指标设计的核心

我曾经调研一家在当地乃至全国都非常著名并有一定影响力的企业,该企业一直以管理严格著称。当我们访谈中问到员工对企业绩效管理工作的看法时,大家都表示非常规范,但是具体考核什么却又好像没有人能够说清楚。

我们进一步分析该企业的绩效考核指标时发现,指标体系覆盖的范围非常广,仅仅业绩考核指标就分为安全指标、质量指标、生产指标、设备指标、政工指标等几大类,不同类别的指标源自不同的专业管理部门,每个专业管理线都独立管理着一套指标,可谓面面俱到。员工中几乎没有人能够把所有的考核指标和标准弄明白,我们也不敢想象企业可以把这么多指标全部客观地评价出来。即使能够全部评价出来,员工也不可能知道自己的重点工作在哪里。

所以,当我们问员工,在这么多的考核指标下如何工作时,员工根本不清楚自己的工作重心,反而用了"如履薄冰"四个字,每天上班都在时刻担心是否触犯了企业的哪条规定,是否被扣分扣款。更可怕的是,员工为了不被处罚出现了"随大流"的心态和现象,别人怎么干我就怎么干,制度再严格也不可能处罚大多数人。在这样的心态下,不仅绩效管理体系最核心的改进作用没有发挥出来,员工群体还形成了与管理者的对抗情绪,抵触绩效管理的建立和推行。

类似例子中的问题并不少见,很多企业在指标的设计上一味求多求全,认为这样就可以监管到员工工作的每一个细节,全面保证工作质量,结果却常常是让员工丢失了工作的重心,在工作中变得患得患失。企业没有意识到,绩效管理的本质并不是控制和惩罚,而是帮助企业和个人不断改进和提升,因此绩效指标也不应该是工作的方方面面的体现,而应该专注于那些最有助于体现企业和个人价值、最能够帮助企业和个人取得成功的关键因素。本章将回归到绩效管理和绩效指标的这一本源,从价值创造的角度出发,介绍三种常见的指标开发方法,以帮助建立一套专注于企业经营重点和战略目标的绩效指标体系。

第一节 绩效指标反映组织经营管理效果

企业经营具有一定的目的性,经营管理的产出需要通过一系列指标来衡量。这些指标为企业所有者或高层经理管理人员提供企业经营现状、遇到的问题,以及既定战略目标实施情况的信息。

企业建立绩效管理体系,一方面可以监测企业的经营状况,另一方面可以通过数据和信息的分析和解释过程形成洞察力和判断,指导决策和行动,积淀为企业的知识资本。这是一个企业学习的过程。设定一个指标进行统计和计算,对企业而言只是获得了数据,要使这些指标数据产生价值,就需要有人根据指标数据采取各种行动。对数据进行解释是绩效管理和绩效指标管理中比较困难的问题。

企业会有方方面面的数据输入,以致难以对这些数据做出恰当的反应。将数据转变为信息,并基于信息做出判断和行动,需要企业具有一致的经营认知。企业需要考虑绩效指标反映出的数据怎么样对自身有意义,并鼓励员工关注与改善这些数据。从数据到信息、信息到知识、知识到智慧的过程,就是绩效管理在不断循环中指导企业不断改善决策和经营管理水平的过程。

一个企业在绩效管理过程中,如果可以不断实现"数据—信息—知识—智慧"的转换过程,绩效管理就会呈现积极的一面。数据管理需要互动和重复。一个企业如果能将大量数据转变为概念,并不断往复循环,就能建立对事物的认知并且用数据来检验自己的认知,最终形成自己的经营管理框架和经营智慧。如此不断循环往复的过程,将使绩效管理发挥出极大的价值。

一、绩效管理的两类用途

许多企业绩效管理的失败或无法发挥作用,最大的问题不是绩效指标系统本身,而是有缺陷的绩效管理造成的恶果。当前,绩效管理主要的用途分为两类:一类是以获取经营信息为目的设计绩效指标,一类是为了奖惩目的设计绩效指标。当绩效指标作为一种信息的来源,帮助企业提高管理水平以及完成设定的目标时,绩效指标就显得非常重要了。

(一)以奖惩为目的

当一位员工的奖励和惩罚紧密地和绩效指标联系在一起的时候,尤其是许多企业以罚代管的时候,绩效指标就成为员工获得奖励和避免惩罚的工具。不管绩效指标设计得科学与否,惩罚和奖励才是员工关注的焦点,绩效指标体系无法发挥更大作用就不足为奇了。如果可以从现有指标体系中获益,员工没理由对可能引起奖励减少的指标表示欢迎。改变考评的方式和动机,是改进绩效指标质量的有效方式。企业领导人的责任就是创建有利于考评改变的环境。忽视绩效管理的社会性因素,会影响绩效管理的作用发挥。

(二)以获取经营信息为目的

企业绩效管理的出发点是企业经营目标。企业经营目标的确定,离不开经营战略。公司战略设计中,商业模式是重要的一项内容。彼得·德鲁克曾提出:"当今企业之间的竞争,不是产品之间的竞争,而是商业模式之间的竞争。"商业模式的概念最早于20世纪50年代提出,90年代后开始流行。商业模式就是"利益相关者"的交易结构,其中一个元素是"利益相关者",另一个元素是利益相关者如何交换"价值",第三个元素是利益相关者如何实现共赢的"交易结构"。简单地说,某个企业的商业模式就是在公司战略定位基础上赚钱的方法,包括每一个参与者及其在其中起到的作用,以及每一个参与者的潜在利益和相应的收益来源和方式。企业绩效管理就是衡量企业在利益相关者价值体系中价值创造和获取的能力。

当前,在创新商业模式的道路上,各家企业都绞尽脑汁。商业模式带来了企业的根本性转变,绩效管理的导向也随之发生改变。商业模式由四个密切相关的要素构成:客户价值主张、盈利模式、关键资源、关键流程。这四个要素相互作用时能够创造价值并传递价值,其中最重要的是创造价值。这一框架的力量蕴藏于各部分之间复杂的互相依赖的关系。四个要素中的任何一个发生重大变化,都会对其他部分和整体产生影响。企业绩效指标体系的结构也将发生变化。

从绩效棱镜理论出发,站在利益相关者的立场,有效衡量企业的业绩是绩效指标设计的出发点。绩效管理体系如果不能阐明利益相关者的需求、公司对其利益相关者的需求,或者绩效指标体系与满足这两类需求的公司战略、流程和能力不相一致,将是绩效管理体系最大的问题。

我们在咨询过程中,常看到许多企业虽然成立多年,但未能基于竞争策略优化自身的经营模式,始终墨守企业成立之初的经营管理方式,面对市场竞争的变化显得处处被动,曾经有效的绩效管理体系处于失效状态犹不自知。中国近30年的经济高速增长,造就了许多企业和企业家,但在经济上升期走红、在经济波动期消失还是许多企业的宿命。自身优势是什么？如何把自身的优势转化成经济效益？如何预先感知企业内外部的变化？许多企业经营者还在无奈地思索。绩效管理这个工具，在许多企业中未能被正确利用和充分利用。

二、从企业经营价值链思考绩效管理

就绩效管理而言，首先应从一个企业的整体来思考企业价值管理问题，从企业经营的价值链来思考企业的绩效管理问题。企业的价值链管理是实施战略人力资源管理的核心。企业价值创造、价值评价和价值分配的管理，为绩效管理提供了基础。在这里，价值管理不仅包括企业内部，而且包括企业利益相关者整体。

价值创造是研究企业价值的来源，要解决的是谁创造了企业价值的问题，这解决了绩效管理对象和目标问题。价值创造出来了，如何来评价各方的贡献，贡献究竟有多大，价值如何分配，这就需要绩效管理工具和方法的支持。

企业经营就像一部机器，输入资源，产出商品。企业的每个部门都是一个系统的组成部分，每个系统承担着各自的功能。企业组织的整体和每个组成部分之间的输入和输出构成企业绩效指标监测点，如图6-1所示。

在知识经济和信息爆炸的时代，企业经营策略往往三五年就需要重新考量。前几年还如日中天的企业，突然之间就可能销声匿迹。当诺基亚超越摩托罗拉成为全球手机霸主时，谁能想到短短几年工夫就经历了苹果和三星的轮流称霸。保罗·努内斯和蒂姆·布林就指出，企业必须定期实现业务重塑，从而从当前业务的成熟期跃入新业务的增长阶段。在《业务重塑当趁早》一文中，他们指出，企业在紧盯收入增长S形曲线的同时，也应该盯住三条隐形的S形曲线——竞争曲线、能力曲线和人才曲线，以便及时转变竞争基础、更新自身能力并储备人才，为企业下一

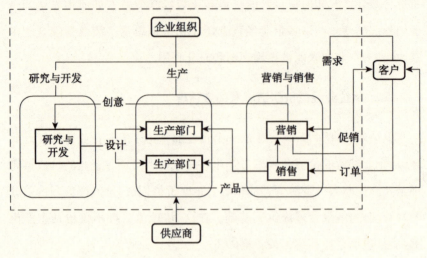

图 6-1　企业经营系统

个商业模式打下基础。

　　绩效指标管理在关注收入、利润等指标的同时，也需要根据环境变化对企业绩效的影响做出充分分析，识别和抢占先机。科学的绩效指标设计在识别局势、认清自我和持续转变过程中发挥着重要作用。

第二节　绩效指标需要追求偏执

　　在设计绩效管理指标时，为了能够完整反映组织经营管理效果或者个体绩效完成的全过程，我们通常会追求指标的覆盖面更加全面，甚至提出全方位、多角度、立体化的指标设计原则。但是，当我们试图穷尽指标来评价绩效时，会发现往往失去了制定指标进行绩效管理的初衷，即改进。

　　有些企业虽然指标没有这么多，但是对绩效管理指标的作用认识不足,赋予了绩效管理太多的目的和含义,试图通过绩效管理评价员工的工作态度、工作业绩、工作作风甚至生活的方方面面,这也会降低绩效管理本身功能的发挥。绩效管理最核心的目的一定是不断提升组织和员工的绩效水平。事实上,绩效管理应该是抓住关键绩效指标进行管理,而指标之间是相关的,通过抓住关键绩效指标可以将员工的行为引向组织目标的方向,因此,应当通过建立KPI指标体系将绩效管理与员工的业绩结合在一起,引导员工的行为趋向组织的战略目标。

关键绩效指标(Key Performance Indicators,KPI)是衡量企业战略绩效目标实现程度与达成效果的关键指标。设置的目的是通过关键绩效指标的牵引,强化组织在某些关键绩效领域的资源配置与能力,使组织全体成员的行为能聚焦在成功的关键行为及经营管理重点上,使高层领导能清晰了解对公司价值最关键的经营操作的情况,使管理者能及时诊断经营中的问题并采取行动。关键绩效指标在有力地推动公司战略执行的同时也为业绩管理和上下级的交流沟通提供了一个客观基础。

一个组织的绩效目标能否实现,往往取决于几个决定性的关键成功因素。关键成功因素(Critical Success Factors,CSF),是企业分析生存与发展时最需优先考虑的要项,是对企业成功起决定作用的某些战略要素的描述。丹尼尔首先提出关键成功要素的概念,他认为大部分的产业都有3至6项的关键成功要素。罗卡特(Rockart,1979)认为在一个公司组织的营运管理之中,若是能掌握少数几个领域,便能确保该公司具有相当的竞争能力;若是能在这少数几个关键领域中保持好的绩效,则该组织便能够成长;而若在关键领域表现很差,则该组织便会在这期间陷于运营困境。企业管理人员必须认真处理这些因素,将主要精力放在实施过程中最重要的问题上,才能保持公司良好的业绩。关键绩效指标

就是有效反映关键绩效驱动因素的衡量参数,它一定是对关键经营行动的反映,而不是对所有操作过程的反映。设计绩效指标时,必须始终强调对关键绩效指标的关注,需要追求"偏执",而不是平衡。

第三节 基于平衡计分卡设计关键绩效指标

一、平衡计分卡的拓展与应用

绩效评价指标体系起源于美国19世纪末期开发的财务报表分析,从财务报表逐渐延伸到利用财务报表中的财务数据对组织的整体绩效进行测评。自此开始,绩效指标体系经历了由外而内、由财务评价到全面评价的发展过程。

20世纪初期,美国银行建立了银行信用分析体系,试图在企业外部对贷款企业的信用和偿债能力进行分析。为达到这个目的,除了考虑企业的财务报表外,还应该在一定程度上考察企业的生产经营能力和发展前景,这就构成了外部的企业测评指标。

1954年,彼得·德鲁克在《管理的实践》一书中提出了"目标管理"的概念,建议企业把整体的绩效目标转换为部门和员工的绩效目标。企业的绩效评价指标向下分解到了内部成员的绩效评价。这个时期绩效评价指标依然是以财务成果指标为核心。

面对现代企业管理新兴的管理模式和管理观念,传统的立足于事后评价、关注企业自身状况、重视表面可见的短期业绩,并且以财务指标为主的业绩评价显得力不从心,无法涵盖绩效的全部动态特点,在评价的广度、深度和远度上都过于局限,远远不能满足现代企业管理的需要。随着管理理论的发展和不断成熟,随之提出的全面质量管理、客户关系管理、核心能力理论、战略性人力资源管理等都成为绩效评价的有力补充。

虽然财务、质量、顾客、核心能力、流程以及人力资源这些方面中的每一个方面都很重要,并且都可以在公司的价值创造过程中发挥重要的作用,但是每一个方面仅仅代表了管理活动及过程中的一个构成部分。管理过程必须产生持续而优异的业绩,仅仅强调管理过程中的某一个方面实则鼓励次优化,而妨碍公司实现更大的目标,公司必须用一种全面的观点来代替任何具体的、短期的衡量尺度,从而使战略居于管理体系的核心地位。

1992年,哈佛大学商学院教授卡普兰和波士顿咨询公司的咨询顾问诺顿在《哈佛商业评论》上发表了《平衡计分卡:驱动绩效的评价指标体系》,正式提出了平衡计分卡的概念。平衡计分卡的特点就是将企业的愿景、使命和发展战略与企业的业绩评价系统联系起来,把企业的使命和战略转变为具体的目标和测评方法。平衡计分卡以企业的战略为基础,将各种衡量方法整合为一个有机的整体,通过对客户、内部流程、学习和成长这四个层面指标的关注促进财务层面指标向好的方向发展,使企业业务指标成为趋同因素。这样,企业一方面能够追踪财务结果,另一方面通过密切关注能使企业提高能力以及无形资产获得未来增长等方面的进展,使企业既有反映"硬件"的财务指标,又具备能在竞争中取胜的"软件"指标。

平衡计分卡克服了单纯利用财务手段进行绩效管理的局限。财务报告传达的是已经呈现的结果,是滞后于现实的指标,但是并没有向公司管理层传达未来业绩的推动要素是什么,以及如何通过对客户、供货商、员工、技术革新等方面的投资来创造新的价值。平衡计分卡从四个不同的层面提供了考察价值创造的战略方法(见图6-2)。

(1)财务层面是无论投资者还是其他利益相关者都关注的方面,需

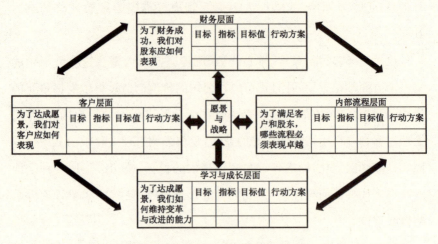

图 6-2 平衡计分卡的思考路径

要回答如何平衡投资股东的目标以及利益相关者的诉求,如何实现企业的可持续发展等。

工商企业至少要有一个利润的"最低限额",以应付未来风险,使企业能继续营业。这个利润最低限额影响着企业行为和企业决策,既为企业行为和企业决策设立了界限,又考验它们是否可行。

企业经营者为了进行管理,需要一个至少相当于所要求的利润最低限额的利润目标,以及用以衡量利润成果是否达到这个要求的各种标准。企业投资股东无论基于什么多重目的,基本目标是投资资本的增值。财务性绩效指标可显示出企业的战略及其实施和执行是否正在为最终经营结果(如利润)的改善作出贡献。

但是,不是所有的长期策略都能很快产生短期的财务盈利。财务层面指标衡量的主要内容包括收入的增长、收入的结构、降低成本、提高生产率、资产的利用和投资战略等。

(2) 客户层面要回答的问题是为达成企业的财务目标,应该给客户提供什么样的服务。

企业应以目标顾客和目标市场为方向,关注能否满足核心顾客需求,而不是企图满足所有客户的偏好。所以,从客户层面出发,首先要思考客户所关注的价值究竟是什么,我们能否满足某一特定群体的特定价值诉求。客户最关心的不外乎五个方面:时间、质量、性能、服务和成本。企业必须为这五个方面树立清晰的目标,然后将这些目标细化为具体的指标。客户面指标衡量的主要内容有:市场份额、老客户挽留率、新客户获得率、顾客满意度、从客户处获得的利润率等。

(3)内部流程层面要回答的是企业为使客户和股东满意,应该采用什么样的内部流程。

建立平衡计分卡的顺序,通常是在制定财务和客户层面的目标与指标后,才制定企业内部流程层面的目标与指标,这个顺序使企业能够抓住重点,专心衡量那些与股东和客户目标息息相关的流程。内部流程层面是一个以客户满足流程为思考轴线分析问题的过程。

企业内部的操作活动最终以一个完整的方式提供给客户,从客户端出发分析企业的内部运作问题,是站在客户角度审视企业经营的过程。为了满足客户需求,管理者需要把注意力放在那些能够确保满足客户需要的关键的内部经营活动上,追求流程的整体最优。内部运营绩效考核应以对客户满意度和实现财务目标影响最大的业务流程为核心。内部流程层面的绩效指标,衡量的应该是流程效率的改进。内部运营指标既包括短期的现有业务的改善,又涉及长远的产品和服务的革新。

(4)学习和成长层面要回答的是为了支持内部流程的优化,以及保持长期发展的能力,企业应当如何组织学习与能力发展。公司学习和创新等能力直接关系到企业内部运营的效果,提升企业能力是企业建立竞争优势的基础,人和组织的学习与发展是业务的依托。从企业能力发展需求出发,设定相关衡量指标,可以使业务经营的深层次影响因素被纳入管理范围。学习和成长指标一般涉及员工的能力、组织信息化能力和

组织软性的管理氛围等。

自 1992 年卡普兰和诺顿提出平衡计分卡的概念以来,平衡计分卡的理论和应用经历了四个发展阶段:

第一代平衡计分卡提出了四个层面的框架,认为企业单纯依靠财务指标存在很大的问题,应该从多个角度来审视企业(即财务层面、客户层面、内部流程层面和员工的学习与成长层面)。强调既要看结果,更要注重过程,设置均衡的衡量指标体系。这时候平衡计分卡是作为一个绩效评估的改进工具来使用的。

第二代平衡计分卡运用战略图工具,帮助企业解决了如何筛选和归类衡量指标的问题。强调衡量指标应该反映企业特有的战略意图,企业应设置具有战略意义的衡量指标体系。战略使指标体系有了灵魂和方向,而战略图是一个能够帮助企业明晰战略、沟通战略的有效工具。

第三代平衡计分卡已经上升为战略性绩效管理体系,作为战略执行的工具来使用。强调企业应建立基于平衡计分卡的战略管理体系,调动企业所有的人力、财力和物力等资源,集中起来协调一致地去达到企业的战略目标。

第四代平衡计分卡强调通过组织内外的协调创造企业合力,即用平衡计分卡帮助企业澄清战略,并就公司的战略重点与各业务和职能单位、董事会、关键客户、关键供应商以及联盟合作伙伴做有效沟通。企业的平衡计分卡为企业高层提供了一整套治理框架,并帮助企业挖掘组织协调所产生的价值。

平衡计分卡在企业内能否成功运用取决于绩效考评的质量、执行方式以及使用方式。在企业的实际实践中,平衡计分卡是个可扩展的系统。虽然财务层面、客户层面、内部流程层面和学习与成长层面是平衡计分卡一般的四个维度,但企业在应用中不应局限于这四个维度。从股东角度出发,把财务层面放在企业的最高层次自然是必要的,但每个企业必须根据自身的情况把其他重要利益相关者的诉求体现到企业经营管理中。企业作为一个社会组织，承担着一定的社会责任。在财务、客户、内部流程和学习与成长之外，还有员工、社区以及其他利益共同体。如我们曾给一家区域媒体进行人力资源咨询，该媒体与覆盖区域内的居民关系是其经营成功的重要影响因素。在绩效指标设计过程中，我们有意识地在原有平衡计分卡四个层次的基础上添加了社区层次，引导员工有高度的意识关注和维护与社区的公共关系。

平衡计分卡是以战略和愿景而不是以控制为核心，它把财务、客户、内部流程、创新与学习这四个方面结合在一起，使管理者明确其中的相互关系，帮助他们超越职能分工的传统观念，从而更好地做出决策和解决问题。战略与平衡计分卡是不可分开的。不同的战略所关注的四个维度的内容不一样。不能把平衡计分卡看成一个指标体系，而应该看成一个管理体系。

通过平衡计分卡设计企业绩效指标可以实现以下四种平衡。

第一，战略制定与战略实施行动的平衡。多数企业有自己的战略和目标，但并非所有的企业都能够把它们的战略和目标转化为各个部门、每个管理者和员工的指标，并为之设置相应的评价指标。平衡计分卡通过将企业目标细化到各个层面乃至每个员工的方式，把企业和部门的目标传达给执行这些工作的人，使他们能把这些目标转化为对自己有意义的任务和具体目标，以此达到企业制定的战略和实施这些战略行动之间的平衡。

第二，财务指标与非财务指标的平衡。传统的绩效评价指标体系只包括财务层面的指标，而随着经济的发展、外部环境的变化，其局限性日益凸现，有必要引入非财务指标对其进行补充。从财务层面保持对企业业绩的关注，其他层面明确揭示获取卓越的长期财务业绩的驱动因素。如果财务指标是看企业经营的结果，那在绩效管理过程中就

应该重视衡量达成这些结果的因素,对影响最终结果的环节设定绩效衡量指标。

第三,外部衡量和内部衡量的平衡。平衡计分卡将评价的视线范围由传统的只注重企业内部财务评价扩大到企业外部,包括股东、客户等方面,同时也对企业内部的认识有了全新的发展,将以往只看内部结果扩展到既看结果又注重企业内部流程和学习与成长。

第四,结果指标和动因指标的平衡。平衡计分卡的四个方面体现了动因和结果之间的因果关系,使企业更加清楚其所追求的结果和产生这些结果的关键因素,即动因之间的关系,使高级管理层能够快速而全面地考察企业的经营状况。比如,员工士气是学习与成长方面的指标,客户满意度是客户方面的一个重要指标,这两者之间存在着驱动关系:员工士气提高了,为客户提供更加周到的服务,必然会带来客户满意度的提高,进而客户购买次数增加,从而达到卓越的财务结果。

平衡计分卡的理论体系也在不断完善和发展。2000年,卡普兰和诺顿在《实施战略有困难,那就画图吧》一文中提出了战略地图的概念,通过战略地图描述了实现战略的逻辑路径,使企业的员工了解公司战略、流程和系统以帮助他们实施战略。2008年,罗伯特·卡普兰提出了"闭环管理系统",它可以被视为一套架构在平衡计分卡上,进一步向无形资产的测量、管理,以及组织流程方向深入的实践系统。

具体分析,"闭环管理系统"是一个不断循环的战略执行系统:第一步是制定战略;第二步是通过战略地图和平衡计分卡将战略转化为运营方面的一些要素;第三步是确保公司内部步调一致,协同开展运营;第四步是使每一个员工都有自己的个人指标,以实现持续改进;第五步是对平衡计分卡的执行情况进行检查和跟进,通过员工、客户和流程层面实现提高;第六步是对以往制定的战略进行回顾和改进,最终又回到第一阶段。

平衡计分卡从最初的绩效管理工具,已经发展为战略描述和绩效管

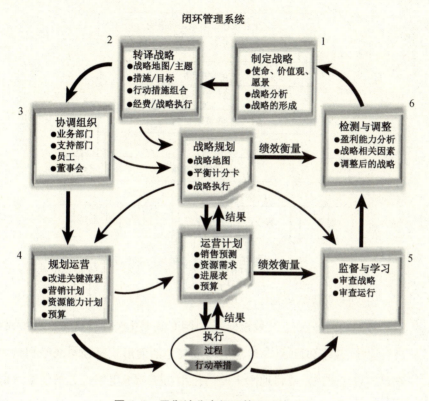

图 6-3　平衡计分卡闭环管理系统

理相结合的工具。

二、基于平衡计分卡的绩效指标开发过程

基于平衡计分卡的绩效指标开发,首先是以公司战略作为输入,通过寻找能够驱动战略成功的关键策略要素,设定与关键成功因素具有密切联系的关键绩效指标体系(关键绩效指标),建立基于企业关键绩效指标的企业经营状况跟踪监测体系,衡量战略实施过程的状态并采取必要的修正,以保障战略的成功实施及绩效的持续增长,支持闭环管理模式的实现。

绩效指标开发的过程,可以基于以下三个步骤。

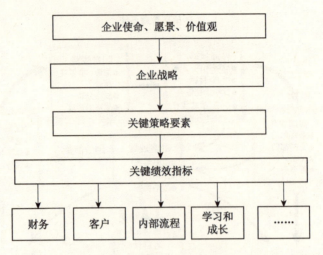

图 6-4 基于平衡计分卡的绩效指标开发

(一)开发战略地图

首先,公司应成立绩效指标开发小组,通常由公司各级管理者组成,进行愿景、战略和目标回顾,然后以战略地图的形式将公司战略和目标直观地表现出来。战略地图主要的作用在于描述组织是如何创造价值的,它采用统一的方法描绘战略,以连接管理目标和指标。战略地图提供了战略组成部分的标准清单和相互间的关联,弥补了战略制定和战略执行间缺失的一环。

图 6-5 是战略地图示意,图中的每一个圆圈都是公司战略实现中的一个关键结果领域,每一个圆圈代表了一条公司经营策略。

开发战略地图的过程按照卡普兰和诺顿的说法就是在沟通愿景和翻译愿景。他们认为不管意图有多好,诸如"一流的企业""最好的供应商""最强大的公司"等空洞的提法都不容易翻译成具有可操作性的具体方案,以提供实际的行动指导。要使人们能够按照愿景和战略提法中所描述的来行动,这些愿景和战略提法必须被明确地表达成一整套经全体高层经理通过,能够引导公司走向长期成功的综合目标和指标。而这个

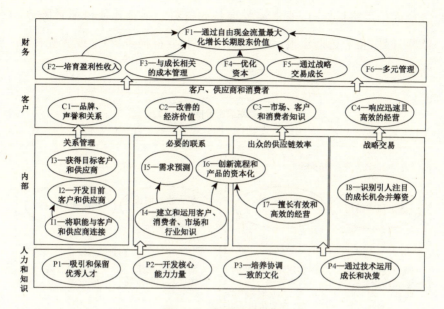

图 6-5 战略地图示意

资料来源:罗伯特·卡普兰、戴维·诺顿,《战略地图:化无形资产为有形成果》,广东经济出版社 2005 年版。

翻译愿景的过程就是以财务、客户、内部运营以及学习与成长四个层面目标之间的因果逻辑为基本假设,逐一回答四个层面的策略目标,并落实为战略行动。

1. 财务层面的策略目标

从财务层面来看,围绕着企业经营的最终目标我们通常需要回答"要在财务上成功,对股东我们要怎样",也可以理解为"为使股东满意,我们应该达到什么样的财务目标"。围绕着股东价值最大化,我们可以选择的财务策略可以简单分解为增加收入和减少支出,即收入增长策略和生产力策略;再进一步依据企业的经营实际转变为具体的战略行为,比如,通过吸引新客户群体扩大收入增长的机会、深度挖掘现有客户提高客户价值、通过减低损耗改进成本结构、提高资产利用率等。这些在构成财务层面策略目标的同时,就成为客户层面的输入。在分析财务层面的策略目标时,通常需要准备的资料包括企业使命愿景陈述、战略计划、企业近期年报、各种业绩报告和分析报告、行业或者标杆报告等。

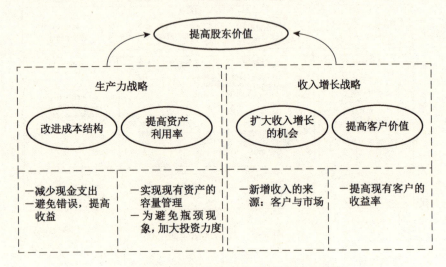

图 6-6 财务层面的策略目标的制定示意

2. 客户层面的策略目标

制定该目标时主要需要回答"为达到我们的财务目标,应该给客户提供什么样的服务"。它是以财务层面的策略为输入,核心在于如何确定差异化的客户群体,战略的核心是创造一个持续的、差异化的价值定位。客户层面的策略目标则必须将这一差异化价值定位落实到具体的客户群体价值确认上,必须明确我们所能够提供给客户的价值究竟是什么,我们如何吸引和巩固期望获得这种价值的客户群体。一般企业在制定客户战略时总是试图吸引最大量的客户群体,试图满足所有层面客户的需要,这个事实上是无法实现的。

不同的战略要求不同的价值定位,从而吸引并保留目标客户。最佳成本战略和最佳产品战略提供给客户的价值定位截然不同,它们所满足的消费群体一定也是差异巨大的,差异化竞争因素也一定是不同的,这就需要通过客户层面的策略去确定。当客户层面的策略确定为最佳成本战略时,差异性竞争因素重点就一定是价格和品质。但是当客户层面的策略确定为最佳产品战略时,价格可能就成为普通因素,差异性竞争因素就一定是性能和领先。

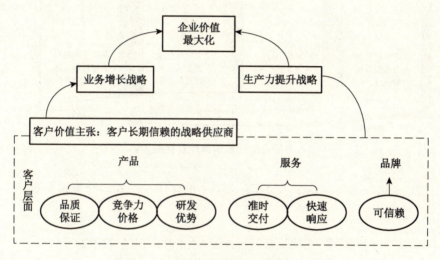

图 6-7　客户层面的策略目标的制定示意

3. 内部运营层面的策略目标

该目标一定是在财务层面和客户层面的策略目标确定之后设计的,主要是回答"为使客户和股东满意,应该采用什么样的内部流程"。通常,我们会将企业的核心流程划分为三到四个关键策略,企业内部流程面的竞争性关键策略的选择必须与企业所确定的价值定位保持一致。

4. 学习与成长层面的策略目标

该策略目标是在前三方面策略目标确定之后确定的,主要回答"为达成我们的目标,组织应该如何学习和创新"。通常我将学习与成长层面的策略目标理解为对组织能力的一种要求,即组织和员工必须具备什么样的能力才能驾驭核心竞争流程并给客户创造出所需要的价值。它

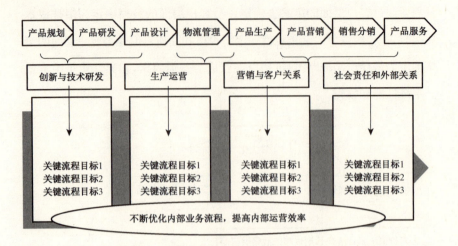

图6-8 内部运营层面的策略目标的制定示意

描述了组织的"无形资产"及其在战略中的作用。平衡计分卡将无形资产分为三类:

(1) 人力资本:支持战略所需技能、才干和知识的可用性。

(2) 信息资本:支持战略所需信息系统、网络和基础设施的可用性。

(3) 组织资本:执行战略所需的发动并持续变革流程的组织能力。

四个层面的策略目标确定后,需要以战略目标的方式描述出来,并确定目标之间的因果关系和逻辑联系,构成战略地图。

(二) 平衡计分卡指标体系开发

平衡计分卡指标体系的开发也就是我们通常意义上的公司平衡计分卡的开发,因为平衡计分卡理论上适合于对组织绩效进行评价,你很难想象一个员工的指标可以包括财务、客户、内部运营和学习成长四个层面。利用平衡计分卡开发的指标要与个人绩效建立联系必须通过行动计划的方式,这是我们第三步需要介绍的。我们必须清楚,现代平衡计分卡的内涵已经不仅仅基于这四个方面的指标体系,而是涵盖了战略地图、指标体系和行动计划的完整管理工具。

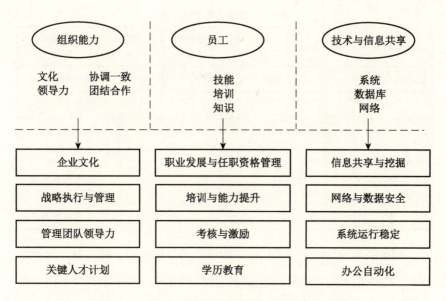

图 6-9　学习与成长层面的策略目标的制定示意

绩效指标的开发过程以战略目标为出发点。企业长期的经营目标确定后，在财务、客户、内部运营以及学习与成长四个不同层面会提出各自的战略主题，这就是构成战略地图的基础。有了战略地图，每个层面则要进一步围绕确定的战略主题展开，基于战略主题提出关键成功要素，找到关键成功要素的主要驱动因素，对驱动因素进行衡量就构成了关键绩效指标。

驱动因素分析就是分析关键成果领域的经营管理策略。公司的每一条经营策略都必须设定衡量策略是否成功的指标。没有相关衡量指标就无法衡量策略实施的效果。在策略分析基础上，基于管理的需要，还可以将某项企业策略细化为更多的子策略和衡量指标，建立相关的衡量指标体系，更好地对经营管控和工作责任进行分解。每一条经营策略必须有一个指标进行衡量。表 6-1 就是财务层面战略主题进一步分解的部分示意。

表 6-1 战略主题分解示意

经营目标	战略主题	关键成功要素	主要驱动因素	关键指标（一级）	关键指标（二级）
长期股东价值	生产率战略	成本领先	总成本领先	总成本	减少服务成本
					降低生产成本
					降低产品开发成本
					降低销售成本
					降低采购成本

　　财务层面的指标主要考核提供给股东的最终价值。通常财务指标可以划分为四个不同的类别：股东价值、资产利用、收入增长和成本下降。同样这四类指标在具体选择时还应当考虑企业不同的生命周期和业务发展规律。比如，同样是收入增长类指标，对于处于成长期的企业来说，选择的指标主要是来自新产品、新客户的销售增长率；而对于处于收成期的企业来说，选择的指标可能是通过考核产品线的盈利能力深度挖掘成熟产品和老客户的盈利能力，而不是继续追求新产品、新客户的增长。

　　比如，某著名的连锁中高档餐饮企业请我对他们的人力管理体系进行诊断，因为投资机构给了他们很大的上市压力，所以每年的增长率是最受关注的一项指标。我们发现，30%的年销售收入增长率被平均摊派到每一个门店经理头上。餐饮行业新开店和成熟店差异巨大，这时如果只是简单地把增长指标平均分配下去，对于某些店可能是合适的，而对那些处于投入阶段的店面来说显然是难以承受的。

　　所以，由于企业或者产品所处发展阶段不同，对于同样的战略主题，一定要考虑差异化的经营策略和评价指标。

客户层面的指标只要考核客户对于企业所提供的价值的认可,这个层面的经营策略主要围绕客户获得和保留展开,绩效指标也围绕这个策略主要分为五类:市场份额、新客户获得、老客户保留、获利率和客户满意。

还是上述那家餐饮连锁企业,下有一家私人会所,定价非常昂贵而且采取的是会员制。有一次,我和几位朋友到那里去吃饭,客户经理非常热情地介绍他们的菜品口味,结果我们吃饭时发生两件很不愉快的事情:首先是坐下之后发现椅子有凸起,会钩破裤子,然后吃鱼时又吃出一个鱼钩。这就说明这家会所并没有将主要精力放在对客户需求的关注和研究上,我想以这样的价格如果仅仅是口味好,恐怕不能够满足客人的需求,到这里来的客户显然对这里的环境和感觉会有更高的要求,而这正是最应该满足的客户价值所在。

内部运营层面的指标主要强调对响应客户价值的关键流程的关注。比如采取"顾客至上"战略的企业必须具有优异的顾客管理流程;而采取"成本领先"战略的企业则必须强调作业流程的成本、品质和周期时间、卓越的供应商关系,以及供应商及配送流程的速度和效率等。

学习与成长指标主要跟踪战略性能力、战略性科技和行动气候三类核心考核指标,它们是综合计分卡前三个层面取得出色成果的基础。企业为了创造最佳的绩效表现,最终必须依赖在学习与成长层面的无形资产的开发和利用。

(1)战略性能力,是指工作团队为达成企业战略所须具备的战略性技能和知识;

(2)战略性科技,指为实现战略所必需的信息系统、数据库、工具和网络建设;

(3) 行动气候,是指在战略的前提下所必需的企业文化氛围营造,以保证激励、授权及工作团队整合的顺利进行。

对于绩效指标设计的过程,可以采用思维图等形式,如图 6-10 所示,从一个自然思维的角度去思考企业经营策略和衡量指标的开发。

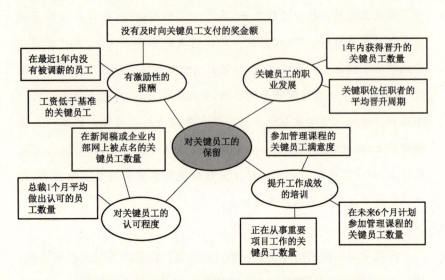

图 6-10　关键员工保留策略的指标开发思维图(部分)

绩效指标的管理需要建立相关规范和管理档案,对指标的以下属性下定义:

- 从属于什么维度,如财务指标、客户指标等;
- 衡量或支持什么战略主题和战略目标;
- 指标编号;
- 指标的责任人;
- 指标统计的频率;
- 数据提供方;
- ……

表 6-2　指标管理模板

战略目标名称：		数据统计周期：	
评价指标名称：		计量单位：	
目标值达成责任人：		指标数据提供人：	
评价指标计算公式：			
时间周期	实际值	基本期望值	挑战值
主管部门：		确认日期：	

（三）设定行动计划

战略目标、指标、行动计划三者形成跟踪企业绩效的相辅相成的统一体。指标以量化的形式体现驱动要素的结果，行动计划突出推进要素实现的驱动力和举措。行动计划的项目必须设进度（始点、结点）和内容（里程碑），并且有预算的配备。行动方案的设立和筛选要把握公司经营的薄弱环节和紧迫工作。通过对关键环节的突破，达成战略目标或者提高绩效。对于没有设立指标的战略目标，一定要设立行动方案。

行动方案必须经相关领导审批后，才能列入管理范围。行动方案管理表一般包括：

- 行动方案名称；
- 行动方案责任人；
- 行动方案概述；
- 所支撑的战略目标；

- 预期结果；
- 所需资源；
- 里程碑信息；
- ……

表6-3 行动方案管理表

行动方案名称：			
行动方案责任人：		行动方案起止时间：	
行动方案概述：			
所支撑的战略目标：			
预期结果：			
所需资源概要：			
参与成员：			
里程碑	里程碑日期		节点成果
里程碑1：			
里程碑2：			
填写部门：	主管确认：		确认日期：

应用平衡计分卡进行企业战略管理和绩效指标管理，企业战略处于中心地位。单纯从绩效管理角度看，战略地图和平衡计分卡可作为绩效分解与沟通的平台，可方便地被利用于绩效指标开发。同时可以通过层层分解的机制，使绩效管理方案和绩效指标从企业层面落实到岗位任职者层面，实现企业目标在内部的落实。

平衡计分卡通过指标、目标值和行动方案一步步地将战略具体化。

战略地图描述了战略目标之间的因果关系，目标说明了战略的目的和成功的关键在哪里；

衡量指标界定了如何衡量和跟踪战略是否成功，以及期望的业绩水

平或提高幅度;

行动计划作为达成目标需要的关键举措将战略目标最终落实到具体责任人,这就构成了具体责任人的考核输入,同时也将无法对个人进行绩效评价的平衡计分卡和个人绩效评价进行有机结合。

第四节 基于关键成功因素分析法设计绩效管理指标

一、关键成功因素分析

关键成功因素(Critical Success Factors,CSF),是企业分析生存与发展时最需优先考虑的要项,是对企业成功起决定作用的某些战略要素的描述。关键成功因素总体来讲有以下特征:

- 在企业经营中,存在着多个变量影响系统目标的实现,其中若干个因素是关键的和主要的,是影响成功的关键变量。若能掌握这少数几项重要因素,便能使企业确保相当的竞争力,它是一组能力的组合。
- 关键成功因素是对成功起决定作用的某些战略要素的定性描述。
- 关键成功因素能够辨别那些决定组织健康发展和生命力的问题。
- 关键成功因素就是那些必须经常得到管理人员关注的区域,对这些区域的运行情况要不断地进行度量,并提供这些度量信息以供决策使用。
- 不论组织的规模有多大,它的关键成功因素一般被限制在 5~8 个,通常先开发 20~25 个主要成功因素,再进行优化。

关键成功因素的理论根源是帕累托法则:关键的少数和次要的多数。核心思想是,在决定一个企业发展的众多因素中分清主次,识别出

少数的但对企业发展起决定作用的关键因素和多数的但对企业发展影响较小的次要因素。现代企业高层管理者面对的问题不是信息不足,而是信息过量。从海量的信息中获取关键的信息,以便做出正确的决策,这是分析企业关键成功因素的重要意义所在。

关键成功因素与核心竞争能力有一定的区别。核心竞争能力侧重于揭示企业发展和保持竞争优势的独特的、起决定作用的资源和能力,是难以模仿的。关键成功因素侧重于揭示企业发展中起主要作用的和带有普遍性的若干资源和能力,是能够模仿的。

二、关键成功要素法设计绩效指标

关键成功要素法是设计关键绩效指标最常用的方法,在综合平衡计分卡以及其他的指标设计方法中都借鉴了关键成功要素法的思想。

关键成功要素法是通过对企业关键成功领域(CSF)进行分析,找到一个企业成功或者阻碍成功的关键领域,并层层分解,从而选择考核的关键绩效指标。基本思想是通过分析企业获得成功或取得市场领先地位的关键因素是什么,提炼出导致成功的关键业绩模块,再把业绩模块层层分解为关键要素。为了便于对这些要素进行量化考核与分析,要把要素细分为各项绩效评价指标。关键成功领域(CSF)表现为定性的描述,关键绩效指标(KPI)表现为对关键成功领域的定量描述。比如,我们设计的战略目标是加强与客户的关系,关键成功领域就是客户的满意程度,而关键绩效指标就可以在客户投诉率、客户满意率、投诉处理时间、重复购买率等之中进行选择,这些指标都是对定性因素客户满意程度的定量化表述。

通过关键成功要素法设计关键绩效指标,分为三个步骤。

(一)通过鱼骨图分析寻找企业成功关键要素

首先明晰要获得优秀的业绩所必需的条件和要实现的目标。企业

图 6-11　关键成功要素分析的基本过程

关键成功要素基本上涉及三方面的问题。第一,实现战略目标的标志是什么?也就是回答这个企业是如何定义成功的。第二,在过去那些成功要素之中,哪些能够使得企业持续成功?哪些要素已经成为一个企业持续成功的障碍?第三,环境/变化的主要压力是什么?在这三个问题的基础上进一步分析,其中最重要的方面是什么?上述问题答案中最优先解决的又是什么?在企业关键成功因素分析的基础上进一步分解和细化,形成企业经营成功要素可理解与实施的逻辑体系。

鱼骨图分解法是常用的关键成功因素开发方法之一。通过找出部门与公司战略目标的联系,按相互关联性整理,形成层次分明、条理清楚的图形,如图6-12所示。

鱼骨图中的鱼头表示"战略目标重点",大鱼刺表示"主关键成功因素",小鱼刺表示"次关键成功因素",次关键成功因素是对主关键成功因素的进一步分解。通过对实现战略目标重点的关键成功因素分析,形成关键成功因素层次体系,将实现战略目标的影响因素具体化。必要时可利用鱼骨图进行多次分解。

(二) 确定策略手段

关键成功领域经过鱼骨图的层层分解后,就可以确定对于某一具体成功要素要采用什么样的手段来实现。策略手段分析是制定关键绩效指标(KPI)最关键的一个环节,但是往往最容易被忽视。

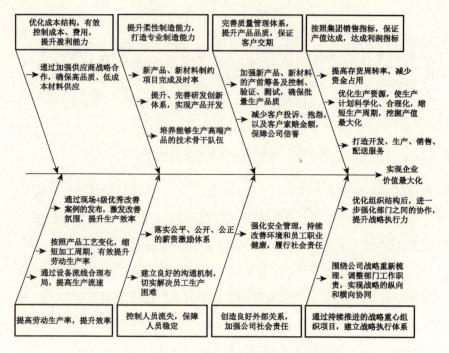

图 6-12 某企业成功因素分析鱼骨图

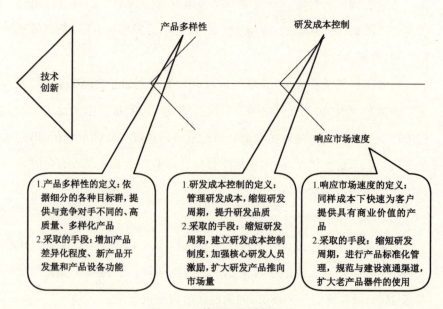

图 6-13 策略手段选择示意

(三)确定关键绩效指标

对于一个关键成功要素,可能有众多用于反映其特性的指标,但根据指标的属性和便于考核人员实际操作的原则,需要对众多指标进行分析和筛选,最终确定绩效指标和关键绩效指标。指标筛选的原则是:

- 有效性,该项指标能够客观、最为集中地反映要素的要求;
- 量化性,尽量使用定量化衡量指标,避免凭感觉、主观判断来影响考核结果的公正、公平;
- 可控性,该指标有直接的责任者,绩效考核结果能够反映责任者的工作成效;
- 易测算性,考核测算的数据资料能够比较容易获得,并且计算过程尽量简单,有稳定的数据来源支持指标统计,指标数据不易被操纵。

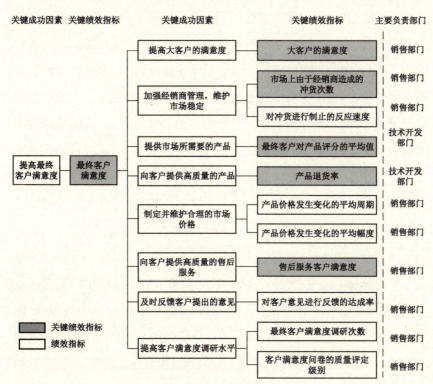

图 6-14 关键绩效指标设计示意

第五节 基于标杆基准法设计绩效指标

一、对标管理的一般操作

对标管理起源于20世纪70年代的美国。最初是人们利用对标寻找与别的公司的差距,把它作为一种调查比较的方法。后来,演变成为寻找最佳案例和标准、加强企业内部管理的一种方法。所谓"对标"就是对比标杆找差距。

对标管理也称标杆管理,是指企业通过规范且连续地将自己发展和经营管理过程中的标志性指标及管理实践与标杆企业进行比较分析,来寻找、确认、跟踪、学习并超越标杆企业而进行的实践活动,是现代化公司进行管理的重要手段,是不断和竞争对手及行业中最优秀的公司比较实力、衡量差距的过程。对标管理是一种寻找和学习最佳管理案例和运行方式的方法,已成为最受企业欢迎的战略管理方法之一。企业通过对标管理,一方面不断寻找和研究一流公司的最佳实践,以此为基准与本企业进行比较、分析、判断,从而使企业得到不断改进,形成创造优秀业绩的良性循环。另一方面,通过规范及连续的比较分析,寻找、确认、跟踪、学习并超越自己的竞争目标。企业需要真正理解并积极实施对标管理,这样才可能产生一批先进的管理模式,创造企业的核心竞争力。

对标管理通常分为四种。

■ 内部对标。很多大公司内部不同的部门有相似的功能,通过比较这些部门,有助于找出内部业务的运行标准,这是最简单的对标管理。其优点是分享的信息量大,内部知识能立即运用,但同时易造成封闭、忽视其他公司信息的可能性。辨别企业内部最佳职能或流程及其实践,然后推广到组织的其他部门,不失为提高企业绩效最便捷的方法之一。

■ 竞争性对标。企业将直接竞争对手作为对标对象，因为两者有着相似的产品和市场。与竞争对手对标能够看到对标的结果，但不足是竞争对手一般不愿透露最佳案例的信息。

■ 行业或功能对标。就是公司与处于同一行业但不在一个市场的公司对标。这种对标的好处是，很容易找到愿意分享信息的对标对象，因为彼此不是直接竞争对手。但现在不少大公司受不了太多这样的信息交换请求，开始就此进行收费。

■ 类属或程序对标。即与不相关的公司就某个工作程序对标。相比而言，这种方法实施最困难。

至于公司选择何种对标方式，是由对标的内容决定的。对标管理为企业提供了一个很好的学习机会，扩大了视野。通过对标管理，借鉴其他企业优秀经验的同时，充分考虑自己企业的实际情况，以人之长补己之短，可以使企业的环境更加优化。同业的相互学习将促进管理水平的共同提高，有利于企业整体战略目标的实现。

对标管理是一项系统性、持续性的评估过程，其实质是模仿与创新，是一个有目的、有目标的学习过程。通常，对标管理法分为八个步骤。

（一）确定对标管理主题

详细了解企业关键业务流程与管理策略，从构成这些流程的关键节点切入，找出企业运营的瓶颈，从而确定企业基准化的内容与领域。

对标管理意味着企业变革并最终指向变革，而变革常要付出代价并面临阻力，所以一开始明确其目标，是将代价和阻力降低到可实施范围的有效方法。明确对标管理的目标一般需要思考是否以及何时引入对标管理。一般来讲，企业在产生了持续性的竞争劣势，或者面临着企业某些方面深入转型的压力情况下导入对标管理更具有现实意义。从企业表现上看，会有以下特征。

(1) 绩效劣势：企业与外部竞争对手相比出现长期的绩效差距，且不明白这种差距的根源在哪里；或者企业内部业务相似部门的绩效差距比较明显，但都没有紧迫的赶超愿望。

(2) 战略劣势：企业的现行战略效果不佳，需要寻求最佳战略；或者企业始终无法有效超越领先的竞争对手。

(3) 目标劣势：企业设定目标的方式缺少科学性，缺乏有力的依据支持目标的合理性。

(4) 成长劣势：企业不知道下一步该怎么做，新的成长机会在哪里，需要追踪领先者的发展踪迹或者挖掘自身内部已经产生的好的模式。

(5) 改进劣势：企业不确知自己的薄弱环节在哪里，不知道各职能和流程的投入产出效率情况，无法定位自己的位置。

对标管理的导入时机常常取决于企业内部对于自身发展的共识程度和自信心，只有企业内部对持续性的竞争劣势有透彻的认识并具备导入对标管理的坚定决心，克服自我否定的心理障碍，对标管理才能提上日程。

(二) 组成对标管理团队

根据确定的标杆管理主题选择合适的人员组成对标管理团队，团队成员选拔时应当考虑到对主题的了解程度，最好选择在这一主题领域内具备相当专业知识的员工参加。企业导入对标管理是一个持续性的过程，也是一个涉及企业变革的过程，所以组建一个强有力的小组专门负责该项工作是必需的。

(三) 选择标杆对象

选择与研究行业中几家领先企业的业绩，剖析行业领先者的共性特征，构建行业标杆的基本框架。选择基准化标杆有两个标准：第一，应具有卓越的业绩，尤其是在基准化的内容方面，即它应是行业中具有最佳实践的领先企业。第二，标杆企业的被瞄准领域应与本企业成本部门有相似的特点。选择标杆的范围首先是竞争对手及其他有潜力的公司,也可以是同一行业或跨行业企业中一个相近的部门。标杆的选择一定要具有可比性并且管理实践是可以模仿的。标杆的选择也可以是企业内部的,即在企业内部两个相似部门进行瞄准。

(四) 收集资料和数据

深入分析标杆企业的经营模式,从系统的角度剖析与归纳其竞争优势的来源(包括个体行为标杆、职能标杆、流程标杆与系统标杆),总结其成功的关键要领。资料和数据可以分为两类:一类是标杆企业的资料和数据。主要包括标杆企业的绩效数据以及最佳管理实践,即标杆企业达到优良绩效的方法、措施和诀窍。另一类是开展标杆瞄准活动的企业(或部门)的资料和数据,反映其自己目前的绩效及管理现状。

作为基准线的资料数据可以来自单个的标杆企业或部门,也可以来自行业、全国乃至全球的某些样本。全行业即全球样本反映了样本范围内的平均水平,通过与这类数据的瞄准、比较,可以了解本企业(部门)在行业及国内外同行中所处的相对位置,明确努力方向。

(五) 进行标杆对比

将标杆企业的业绩和实践与本企业的业绩进行比较和分析,找出绩效水平上的差距,以及在管理实践上的差异。借鉴其成功经验,确定适合本企业的能够赶上甚至超越标杆企业的关键业绩标准及其最佳实践。在分析差距和确定绩效标准时应考虑以下因素:

(1) 经营规模的差异以及规模经济成本的效率差异。

(2) 企业发展阶段的管理实践与业绩差异。

(3) 企业文化理念与管理模式的差异,如集分权程度、资源共享程度以及内控程度的特点。

(4) 产品特性及生产过程的差异。

(5) 经营环境与市场环境的差异。

(六) 沟通与交流

将对标管理的推进与员工的沟通和交流同步,并让全体员工理解和支持对标管理的目的、目标与前景,根据全体员工的建议拟定绩效目标、提出改进方案。

(七) 采取行动

制定具体的行动方案,包括计划、安排、实施的方法和技术,以及阶段性的成绩评估。

(八) 将对标管理作为一个持续的循环过程

将对标管理融入企业日常管理工作之中,使之成为一项固定的绩效管理活动持续推进。每一实施阶段都要进行总结、提炼,发现新的情况和问题及时进行改进。

即使是行业内最优秀的企业,在取得优异的经营绩效后,还可以进行对标管理,这是一个比指标更加深入的工作。企业可以根据需要去寻找整体最佳实践或者优秀部分来进行标杆比较,或者先学习部分再学习整体,或者先从整体把握方向再从部分具体分步实施。目前国内许多大型央企都开展了内、外部对标管理工作,在调动内部工作积极性方面和促进外部知识引进方面都取得了很好的效果。

二、标杆基准法开发绩效指标

以上介绍了对标管理的一般步骤,企业通过选择竞争企业或那些在行业中领先的、最有名望的企业的关键业绩行为进行分析,在此基础上建立自身缩小与优秀标杆企业的差距并实现可持续发展的关键业绩标准及绩效改进的最优策略的程序与方法就称为标杆基准法。

标杆基准法开发关键绩效指标成功的关键在于寻找业界最佳业绩标准作为参照的基准数据(如客户满意度、劳动生产率、资金周转速度等),确定最优绩效标准后,企业需以最优业绩标准为牵引,确定企业成功的关键领域,通过各部门及员工持续不断的学习与绩效改进,缩小与最优基准之间的差距。有些企业在采用对标管理法时简单地将竞争对手或领先企业的指标拿来直接在本企业内进行评价,这是一种误解,对标管理更多的是强调持续改进和缩短差距的过程。

标杆基准通常有两种分类方式。

第一种,按照特性或者按照参照的对象可以分为三类:战略与战术的标杆系统(主要从总体战略标准、职能战略标准、产品标准、职能标准、最佳实践标准等方面进行)、管理职能的标杆系统(主要聚焦于管理职能的最佳实践,如在市场营销、人力资源、生产作业等方面的成功做法)、跨职能的标杆系统(主要指客户标准、成本标准等)。

第二种,按照标杆参照的对象可以分为三类:个体行为标杆、流程标杆、系统标杆。

采用外部标杆开发绩效指标的基本程序如下:

(1) 详细了解企业关键业务流程与管理策略,从构成这些流程的关键节点切入,找出企业运营的瓶颈;

(2) 选择与研究行业中几家领先企业的业绩,剖析行业领先者的共性特征,构建行业标杆的基本框架;

(3) 深入分析标杆企业的经营模式,从系统的角度剖析与归纳其竞争优势的来源(包括个体行为标杆、流程标杆与系统标杆),总结其成功的关键要领;

(4) 将标杆企业的优秀业绩行为与本企业的业绩行为进行比较与分析,找出存在的差异,借鉴其成功经验,确定企业成功的关键领域,通过各部门及员工持续不断的学习与绩效改进,缩小与最优基准之间的差距。

表 6-4 卷烟工业企业对标指标(节选)

序号	指标类别	指标名称	指标释义或计算公式	指标功能说明
1	综合指标	全员劳动生产率(万支/人)	卷烟产量/企业在岗员工人数	反映全员的劳动生产效率
2		生产工人劳动生产率(万支/人)	卷烟产量/生产一线工人人数	反映生产工人的劳动生产效率
3		人均实现税利(元/人)	企业实现税利/企业在岗员工人数	反映全员人均实现税利的水平
4		万支卷烟综合能耗(千克标准煤/万支)	烟草主业能源消耗/卷烟产量	反映单位产量的能耗水平
5		万元产值综合能耗(千克标准煤/万支)	烟草主业能源消耗/工业产值	反映单位产值的综合能耗
6		卷烟销售收入成本率(%)	卷烟销售成本/卷烟销售收入×100%	反映实现一定销售收入的销售成本控制水平
7		成本费用利润率(%)	企业主业利润/(销售成本+销售费用)×100%	从支出方面评价企业的收益能力

标首先来自共同的方向，也就是战略。战略是来自组织基于竞争环境、机会威胁、能力检点、优劣势分析等做出的一种选择，是组织持续发展的前提和目标，也就意味着当基于战略所确定的目标不能够被很好地实现时，组织可能无法持续发展下去。所以，绩效目标首先来自外部视野，而不是仅仅来自内部。

问题就出在这里，各个部门之所以对于公司分解的目标无法接受，很重要的原因是以内部视野来看待绩效目标，往往是基于自身能够承受的、愿意承担的压力，以自身改进为基础来确定绩效目标。但是，当这些可被大家接受的目标实现了，是否意味着组织在竞争环境中不被淘汰？答案显然是否定的。华南理工大学工商管理学院陈春花教授在《管理的常识——让管理发挥绩效的7个基本概念》一书中明确提出，目标就是无法合理的，各个部门所要做的不是讨论目标是否合理，而是在既定目标之下如何组织资源来实现目标。所以，当我们明确了组织的绩效目标首先是为了满足竞争和发展的需要，那这个必须达成的目标就成为下属部门承接指标的起点，部门所需要思考的应当是如何通过资源的有效配置和构建来实现目标，而不是基于自身利益来判断目标是否合理。

第二节　"想"是"做"的前提

在分解目标的过程中，管理者比较常见的心态有两种，即"不准确的目标是在浪费时间""目标会降低灵活性"。关于这两个问题，我们可以回顾一下彼得·德鲁克的相关论述。1954年，彼得·德鲁克在《管理的实践》中提出了"目标管理"的概念，认为管理组织应遵循的一个基本原则是："每一项工作必须为达成总目标而展开。"

目标管理是一种程序或过程,它是组织中的上级和下级一起协商,根据组织的使命确定一定时期内组织的总目标,由此决定上、下级的责任和分目标,并把这些目标作为考核组织绩效,以及考核每个部门和个人产出对组织贡献的标准。也就是说,当我们将一个目标作为输入时,从这个期望被实现的目标出发去思考和采取相应的措施来保证目标的实现,目标就会产生激励作用,使每个人都为达到自己的目标而主动采取各种可能奏效的方式、方法。

预定的目标可能会因为各种原因没有完成,但并不意味着制定目标是在浪费管理者的时间。制定目标和计划的过程会迫使管理者认真思考要干什么和怎么干,搞清楚这两个问题本身就具有价值,即使最终结果没有完全达到预期的目标。当然,管理者应当尽可能保证目标的准确性。在制定目标的过程中,应当积极与下属沟通,调动和整合整个组织的力量制定出理想的目标。

关于计划与变化的关系,陈春花教授的观点很明确:"计划没有涵盖变化,是计划本身没有计划好,一个好的计划一定是可以包含变化的,是可以预测趋势的,是能够和趋势走在一起并获得机会的。一个涵盖变化的计划,一定要能判断趋势,要具有前瞻性以及适应变化的柔性。"

我们理解了绩效目标首先就来自外部视野,来自我们对外部环境和自身能力要素的综合判断,也就是来自我们所构建的一个假设系统。外界很多因素是组织自身不可控制的,当外界因素发生变化后,制定目标的基础就已经变化了。在管理过程中,我们强调目标计划的严肃性。目标计划意味着承诺,成为一种约束。但是,目标计划本身不能消除变化,虽然管理者制定目标计划的目的是尽可能预测变化和制定最有效的应变措施,事实是无论管理者如何制定目标/计划,变化总会发生。所以,目标计划的管理应该是动态的。如果管理者一旦制定了目标就不再根据环境变化进行修改，那就必然会丧失组织的灵活性。

这实际上就是缺乏目标的动态管理所导致的，因为绩效目标的制定是依据原有假设系统，假设系统发生巨大改变时，当初制定绩效目标的基础就发生了变化，企业管理者应当及时意识到这点并与员工达成一致，重新修订目标。

目标管理本身就是一个反复循环、螺旋上升的管理过程，正是通过管理内容的周而复始，实现了管理效果的不断提高。在这个过程中，与目标相关的信息都应当成为管理者管理的重点。组织应当通过目标管理和修正的制度建设，在强化目标计划以及目标复核的严肃性的前提下，制度化地规定复核预设目标的合理性以保证目标的激励和牵引功能不断发挥。

第三节　指标分解的逻辑比数量重要

很多企业在进行指标分解的时候根本没有进行有效的逻辑分解，只是进行"简单的数字分解"，即从总目标开始层层简单地加减组合，更谈不上进行多个部门横向的分解梳理过程。一般企业进行的简单物理（数字）分解过程参见图 7-1。

从以上的分解过程中，我们看不到如何实现目标，也看不到不同部门间的关系，只看到单个部门孤立的数字。如此分解的基本假设很明显，就是绩效管理只要结果，不管过程。这样的绩效管理能落地才怪！目标分解就是通过上、下级之间互相沟通将总体目标在纵向、横向或时

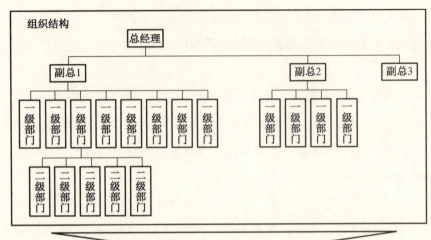

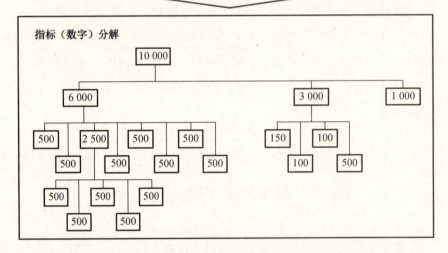

图 7-1　一般企业进行的简单物理(数字)分解

序上分解到各层次、各部门以至具体的个人,形成目标体系的过程。目标分解是明确目标责任的前提,是使总体目标得以实现的基础。当我们将组织目标层层分解到部门、个人时,首先必须清楚各个层面的目标构成是有差异的。

如图 7-2 所示,公司层面的绩效目标通常由关键绩效指标和管理要项构成,部门层面的绩效目标包括公司层面分解下来的关键绩效指标和

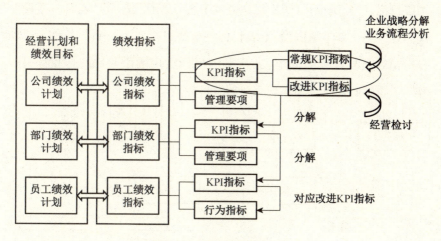

图 7-2 绩效指标的构成

部门的管理要项。管理要项是反映各企业和部门内部管理状况的指标，是对关键绩效指标的补充。管理要项的设置主要是针对那些对实现组织目标有重要作用，又难以用 KPI 衡量的关键管理领域和活动，而非所有的领域和活动。管理要项一般是由企业或部门的上级绩效管理部门和归口的职能管理部门确定。而个体员工层面的绩效指标包括承接的关键绩效指标和行为指标。行为指标由与纳入考评的改进 KPI 指标密切相关的一组或若干组行为要项及工作标准组成，是为改进 KPI 指标状况服务的。确定行为指标时，要考虑与改进 KPI 指标相关的行为模块有哪些，从中找出有问题的行为要项，并将这些行为要项转化为行为指标，纳入考评。行为指标一般由被考评者的直接主管与被考评者沟通后确定。

当指标的构成不同时，如何将不同类型的指标分解落实到每个部门和每个员工身上呢？通常我们的分解方法有三种：目标系统图分解法、目标绩效分解法和目标流程分解法。

如图 7-3 所示，目标系统图分解法就是将实现一级目标的手段作为二级目标,以此类推,一级一级地分解下去,从而形成一个"目标—手段"链。它有一个基本的假设,下级目标是上级目标实现的必要条件,下级目标是对上级目标的分解,也是上级目标实现的手段,通过目标—任务—子目标的层层传递实现企业的总目标。

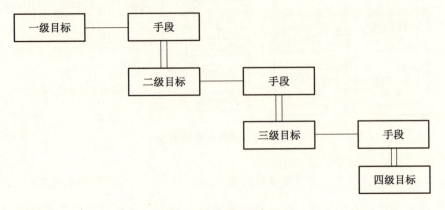

图7-3　目标系统图分解法

目标绩效分解法根据所有目标都可衡量的思想,将企业要达到的目标转化为可量化的绩效指标,然后将企业的绩效指标通过沟通与协商分解到各个层级,各层级通过完成分解后的指标而实现企业的目标。目标绩效分解法有四个步骤:

第一步,将公司级的目标进行分类,一般包括业绩目标、能力目标、责任目标;

第二步,将各目标用可衡量和评估的指标表示出来;

第三步,通过部门之间的协商与沟通,以部门的职能设置为依据,将公司级的指标分解到各部门,形成部门级的业绩衡量指标;

第四步,通过部门内部的协商和沟通,将部门级的业绩衡量指标分解到各岗位和具体的个人,形成目标责任书。

如图7-4所示,目标流程分解方法依据流程优化的思想,将企业的目标看成各个流程实现的结果。目标流程分解法以企业的流程为主线，根据各个部门在流程中的职能和任务承担相应的目标责任。部门及流程的目标以企业的目标为导向，以实现企业的目标为目的。

图 7-4　目标流程分解示意

目标流程分解法包括六个步骤：

第一步，确定公司的总目标；

第二步，确定各支持性业务流程目标；

第三步，确定流程与部门的关系；

第四步，确定流程与岗位的关系；

第五步，进行流程要素分析；

第六步，确定影响要素的相关执行岗位，并确定岗位的目标。

在一个企业中，有视专业目标至上的"职能部门"，有将经营结果看作"生命线"的各"业务条线"，还有各式各样、错综复杂的上下层级和横向协作关系，要达成充分的共识并不容易。正因如此，绩效管理的落地显得艰难无比。如何设计才能有助于不同条线、不同部门对于公司整体目标达成共识，才能达到德鲁克提出的"没有缺口，没有摩擦，没有不必要的重复劳动"的目标？

对于这个问题，通过长期的咨询项目实践，华夏基石人力资源顾问有限公司总结开发了"绩效逻辑分解结构表"这样一个工具，对企业绩效管理中的共识问题进行了有益探索，并取得了不错的成效。这个工具的特点是在对企业整体目标进行纵向逻辑分解的同时实现了横向的部门梳理。

表 7-1 绩效逻辑分解结构

公司层面					部门 1		部门 2		部门 3		部门…	
结果指标	关键领域	关键要素	实现方式	要求	具体要求	指标	具体要求	指标	具体要求	指标	具体要求	指标

在这个结构表中，首先需要明确公司层面实现目标的逻辑路径，这部分将公司的整体目标通过"结果指标""关键领域""关键因素"等层层分解到业务活动层面，即表格中的"实现方式"和"要求"。这样，就将数字指标通过逻辑分解转化成可以衡量并可控制的战略行动。当然，其中的战略分解过程可以通过平衡计分卡、价值链分析或者卓越绩效等逻辑分解工具进行分析和判断。

确定了公司层面的战略行动之后，接下来要做的就是将每一项活动分解到部门层面。每项战略活动都需要几个部门的配合协作才能完成，而每个部门依据职能的不同去承担不同的工作任务。表格中的"具体要求"是指在此项活动中对某个部门提出的行动要求，"指标"指的是衡量该项活动的量化指标。

将此表填写完毕之后，我们将得到公司整体战略逻辑分解和在此框架下每个部门的具体行动要求,它清晰地揭示了每个部门与整体战略目标的关系。这将有助于从整体视角考虑本部门的具体任务和工作。我们将部门的纵向内容进行归纳整理后,将得到该部门在公司整体战略框架下的考核指标,从而真正实现战略目标的横向分解,真正将指标分解到部门层面。经过这样的分析过程,绩效管理将各部门工作整合为一个有机的整体。这样的分析结果将是我们解决绩效管理中"共识难、落地难"问题的物质基础和硬件条件。

"绩效逻辑分解结构表"在咨询实践中也取得了很好的效果。下面以华夏基石管理咨询公司承担过的一个案例节选来阐述它的具体应用。

表7-2 每个部门的具体行动要求

			公司本部		营销中心		生产部		物控部	
结果指标	关键领域	关键要素	实现方式或影响因素	要求	具体要求	指标	具体要求	指标	具体要求	指标
生产效率提升	提高生产效率	1. 降低设备故障率	降低设备维修费用	采购性价比优良的设备配件	按照零件技术要求采购零件					
		2. 提升生产部门的统筹协调能力(交期)	生产计划完成率	工程技术要求的准确性		掌握车间的生产流程、生产效率和加工特点,准确下派任务和设定生产计划,准确拟定各车间的交期	派工计划的修正异动率和车间生产完成率	原材料及生产附件的供应及时,应有足够(合理)库存	在评审指定时间内供应	

(续表)

结果指标	关键领域	关键要素	实现方式或影响因素	要求	公司本部 具体要求	指标	营销中心 具体要求	指标	生产部 具体要求	指标	物控部 具体要求	指标
生产效率提升	提高生产效率		3. 提高外协厂商的管理能力	外协厂商的交货及时性、产品合格率								
		4. 生产能力提升	提高人均产量、原材料供应及时性					做好生产计划,尽量以批量下单,上下工序的半成品供应量发外加工,减少中间环节,缩短生产时间,提高效率		及时供应材料,防止出现停工待料的浪费		
	改进生产工艺	1. 车间生产制造流程改进										
		2. 设备工模改进										
		3. 相关激励措施的配合										

(续表)

公司本部				营销中心		生产部		物控部	
结果指标	关键领域	关键要素	实现方式或影响因素	要求	具体要求	指标	具体要求	指标	具体要求	指标
生产效率提升	提升车间关键人员能力		1. 培训与提高车间主任能力							
			2. 充分发挥班组长的基础管理作用							
			3. 培养关键技能人员							

<small>（表头列顺序：结果指标 / 关键领域 / 关键要素 / 实现方式或影响因素 / 要求 / 具体要求 / 指标 / 具体要求 / 指标 / 具体要求 / 指标）</small>

第四节　分解确定指标是一个互动过程

当我们采用不同的方式对目标进行分解后，仍然有可能出现两种状况：员工觉得目标不现实、主管发现目标不现实。为什么会出现这种情况？除了前面所说的原因外，还有一个很重要的因素就是分解过程中双方的参与形式。就双方的参与方式而言，在实践中经常会演变为目标分解应当是自上而下还是自下而上的争论。

有的人认为目标既然来自战略，就应该是自上而下分解的，下属只有接受目标的责任。采用这种方式，由于工作的主体没有参与到本身目标的制定过程中，目标的接受度往往会非常低。

另一种观点认为，德鲁克在论述目标管理时，专门强调了"自我控制的管理和参与式的目标设置"，所以主张下属目标的制定以工作实

施主体为主,由被考核者提出可行的目标,这样产生的目标除了会导致上级主管接受度低之外,还可能出现个人目标与组织目标的严重背离。

前几年,我到一家企业去讲课,老板得知我长期从事招聘管理方面的工作和课程讲授,主动拿出招聘调配部门的绩效目标和工作计划与我探讨。我发现,如果仅仅看他们制定的绩效目标很难说有什么不对的地方,拓展招聘渠道、提升面试技术、梳理人员招聘流程等本来就是招聘调配部门的分内工作,以此为目标进行考核也没有错。

但是,当我了解到整个公司由于受到外部经济形势的影响,市场环境非常恶劣,销售生产一度处于半停滞状态,公司在年初时将该年度定为公司的"内部挖潜年"时,我就质疑招聘调配部门如果以这些目标为牵引,必然会开展一系列工作,动用企业相关资源,那么到了年底,一个人都没有招聘时该如何评价部门的绩效。也就是说,当这个部门以自身职责定位进行绩效目标制定,而没有考虑到组织整体目标时,就有可能出现"把事情做好并不代表把事情做对"的情况,导致员工的工作与企业整体战略相背离。

那么,目标究竟应该怎样制定?考核双方究竟应该怎么参与到目标的制定中?我想,我们应该回到根本,来看看目标是如何产生的。目标的制定从本质上来说,是基于一系列假设。上级提出对下属的业绩要求时,背后的假设系统包括了他所承接的上一级目标、他对市场的分析、部门历史业绩以及所掌握的年度预算等,这些构成了业绩要求的基础。下属在提出业绩预测时,考虑的因素主要包括自己对市场的分析、自身的历史业绩、自身能力以及可掌控的年度预算。

我们可以看出,双方提出目标时背后的假设系统有可能是不一致的,这是双方难以达成共识的关键原因。所以,对目标达成一致的前提是对各自支撑目标提出的假设系统能够达成统一的判断。因而,分解确定目标应该是一个互动的过程,规范的流程应该是这样的:

第一步,上级主管基于考虑的因素对整体目标进行初步的分解,并知会下属;

第二步,主管根据上级初步分解的目标制定各部门的经营计划初稿,提出可行的目标;

第三步,双方协同相关部门对目标进行质询,尤其是对导致目标差异的原因进行分析,通过这个过程来协调资源并达成一致的假设系统;

第四步,确定最终可被各层面接受的目标。

绩效目标的表述应该符合 SMART 原则,S 代表的是 specific,意思是"具体的";M 代表的是 measurable,意思是"可度量的";A 代表的是 attainable,意思是"可实现的";R 代表的是 realistic,意思是"现实的";T 代表的是 time-bound,意思是"有时限的"。

另外,在分解目标的过程中必须意识到不是所有的目标都可以量化,不能一味地追求量化,否则可能会陷入"上有政策下有对策"的误区。在分解指标时,首先要尽量找出定量的衡量标准。如果没有定量的衡量指标,要坚决使用定性的衡量标准。有时候定性的衡量指标比定量的衡量标准更重要。

由于工作性质,职能部门的关键绩效指标中定性指标比较多。在进行这一类部门的关键绩效指标设计时,主要考虑职能部门的主要工作以及完成工作的时间、质量和成本三方面的影响因素,关键绩效指标的设计以主要工作的完成情况为基础,部分来自各业务部门及其他职能部门,以保证其服务能够最大限度地满足其他部门的需求,保证公司整体运作的最佳效应。

> 不同层类职位的KPI因职能/绩效重点不同而不同
> ➢ 高层管理者：KPI＝战略性财务目标＋可持续发展能力
> ➢ 中基层部门主管：KPI＝战略性目标分解＋任务/职责指标
> ➢ 职能性工作人员：绩效考核目标＝工作计划＋改进点
> ➢ 研究性工作人员：绩效考核目标＝里程碑＋工作计划＋改进
> ➢ 事务性工作人员：绩效考核目标＝应负责任＋工作量
> ➢ 例行性工作人员：绩效考核目标＝准确性＋例外工作
> ➢ 应急性工作人员：绩效考核目标＝工作量＋准确性

孙波文库

孙波文库

第八章 绩效管理需要高绩效文化支持

很多企业都喜欢使用"高绩效文化"一词。从企业史上来说,高绩效文化来源于IBM。1993年,这家超大型企业因为机构臃肿和孤立封闭的企业文化而变得步履蹒跚,亏损高达160亿美元,面临着被拆分的危险,媒体将其描述为"一只脚已经迈进了坟墓"。面对这样一个烂摊子,众多职业经理人都不敢接手,没有人有自信能够教会这头大象跳舞。最终,不懂技术懂管理的郭士纳接过了这个"烫手山芋"。

郭士纳后来回忆为什么有胆量接手IBM时说:"高科技企业都不是技术问题,而是管理问题。"流程和文化是紧密相连的,郭士纳上任后做的第一件事情就是改造IBM的流程,着重强化IBM的管理,而不再把目光集中在经营上。过去IBM的流程是封闭的,郭士纳大胆地将IBM的流程和组织结构以客户导向为原则进行再造。流程的管理带来了IBM文化的变化,郭士纳成功地将老沃森父子创造的IBM家庭文化改造成了高绩效文化。

随着企业管理走向成熟,有越来越多的管理者意识到企业文化对组织绩效和个体绩效有重要影响。企业文化为组织提供了一套统一的发展方针和行为规范,它不仅有利于绩效的管理,还能激发员工内在的工作热情。特别是对于"90后"的年轻员工来讲,他们更愿意在能体现自

身价值的环境中自觉、自愿地工作,激励他们的不再只是传统意义上的物质奖励,而是更多地转向了心理层面的关注和认可。这些变化都在告诉我们,企业文化才是促进绩效管理、提升绩效表现的新趋势和深层动力。

第一节　没有绩效的文化是假文化

企业文化源自文化,关于企业文化的含义、要素、结构在理论界有着各种不同的阐述,但究其本意,无一不指向"规则"一词。企业文化的内核首先是企业价值观,企业价值观是企业经营管理者和企业员工共享的群体价值理念,它决定和影响着企业存在的意义和目的,是企业各项规章制度的价值和作用的评价标准,为企业的生存发展提供基本的方向和行动指南,决定了企业全体员工的行为取向。

但是价值观要落实下去,从倡导的员工行为取向变成真正的行为,则需要通过绩效管理实现。企业文化与绩效管理之间是一种相辅相成的关系。一方面,企业文化对绩效管理体系的实施运行起着一种无形的指导、影响作用。另一方面,企业文化最终要通过企业的价值评价体系,即绩效管理体系、价值分配体系的建立与完善来发挥其功能,通过绩效管理让员工逐步确立起企业所倡导的共同价值观,实现从企业价值观到在全体员工中形成相对统一的基本假设的转变过程。

近几年,我们一谈到企业文化就会提及《华为基本法》和华为公司的企业文化。华为文化本质上是高绩效文化,强调业绩导向与执行,强调"上甘岭上出干部",强调"谁最有业绩,谁最有资源分配权、发言权"。实际上是把外部竞争的压力转化为企业内部的竞争力,不断激活沉淀层,从而形成了华为"三高"的文化氛围——高压力、高绩效、高回报。任正非坚信,高工资是第一推动力,重赏之下必有勇夫。华为将绩效目标定为"正常、持平、挑战"三种,激励员工"跳起来去够目标"。在传递这种绩效压力的同时,做到绩效管理面前人人平等,企业完全通过绩效来进行人才的选拔与任用。华为正是利用绩效管理这个工具,在《华为基本法》里将对于企业各个环节基本规则的思考落到了实处,使《华为基本法》成为大家共同遵守的规则。

绩效管理之所以能够发挥指挥棒和牵引作用,就在于传递出企业对于一个人行为和产出的认可或者不认可,就是在倡导一种价值观。假如一个企业在积极倡导"集体主义""团队精神"和"奉献主义"时,绩效评价比较高的都是自私自利、持有本位主义的员工,且获得高激励以及更多资源调配权的也是这些员工,企业内其他员工一定不会认为企业是在真的推行所倡导的价值观,并且会选择让自己的行为更趋近那些受到奖励的员工。正所谓,"雷锋绝对不是要求出来的,一定是考核出来的""员工一定不会做你要求的事,而会做你考核的事"。

我们看到,很多国有企业投入大量人力、物力进行企业文化的建设,提出的理念也很先进,但恰恰因为没有与文化导向相一致的绩效管理体系,导致员工对文化建设的抵触和虚于应付。所以,没有绩效的文化一定是假文化。

第二节　高绩效组织的文化特征

一个具有高绩效的组织通常具有以下特征。

首先,绩效管理系统一定是以战略为起点,是能够支撑战略实现的。如果一个组织的绩效管理和战略之间没有建立有效的联系,仅仅是基于职责或者改进,就可能出现员工行为与组织战略相背离的情形,无法实

现组织的高绩效。

其次,一定有明确的导向,能够牵引符合组织核心价值观的员工行为。比如,华为提出"决不让雷锋吃亏",明确提出了组织所倡导的价值观,并且通过对符合组织核心价值观的员工行为的正向激励,在组织内部形成氛围,牵引更多员工产生类似行为,促进组织高绩效的形成。

再次,客观定义并促使员工明确绩效目标,绩效目标的评估标准客观清楚。通过清晰的目标设定激发动机,并且建立与绩效结果相联系的激励措施,促使员工通过实现目标获得期望的激励,满足个人的需要。

此外,高绩效组织内一定有着畅通的沟通渠道,能够促进管理者与下属平等、有效地沟通与交流。通过管理者对绩效辅导责任的承担,形成鼓励和促进员工实现个人发展的氛围。

绩效管理体系的有效、顺畅运行,对于组织、管理者以及员工都有着不同的要求,而这些要求进一步促进了组织的高绩效文化氛围。对于组织来说,必须具有明确的组织使命、愿景与战略目标,并且清晰地传递给员工。组织内部的结构清晰、责任明确,内部沟通渠道畅通而有效。利用各种形式树立组织明确的价值导向,通过建立与绩效评估结果挂钩的系统激励机制,不断强化符合组织核心价值观的行为。

员工在具体工作中,不可能遇到的所有情况都有明确的制度规定,当员工遇到制度没有界定的状况时,会采取什么样的行为就取决于共同价值观的建立。所以,明确的价值导向保证了员工行为的最低限。对于管理者而言,作为考核者必须能够正确把握组织的需求信息,了解组织正在做什么、哪些方面运作正常或者不正常,并且能够转换成对员工的期望。

在绩效管理过程中,时刻关注员工,有效承担员工绩效诊断、辅导、发展的教练责任,将帮助员工成长作为管理者的首要责任。把握员工的工作状态,引导每一位员工都向组织共同的目标努力,协调他们的工作以保证组织最终目标的实现。确认并与员工共同分析绩效不佳的原因，帮助员工找到提升的渠道和方法并实践执行。

就员工而言，首先应该非常明确自己的角色定位，以及与他人的工作关系和目标关系，通过将自己的任务与组织使命建立起联系实现对自己的目标激励。我们经常可以听到员工离职时谈到的主要原因是不清楚自己工作的价值，其实就是因为没有办法将自己的工作与组织更大的目标有机地结合在一起。其次，要能够理解组织的期望，即理解组织期望自己做什么、何时做以及做到什么程度；承担绩效责任并做出承诺，有效规划绩效实现的步骤，自我激励并且不断实践；与管理者共同解决遇到的问题，养成经常反馈、寻求辅导和对重大事项做记录的习惯。

第三节　个体的绩效更多源于自我价值驱动

组织决策研究领域最有贡献的学者之一，美国斯坦福大学管理学教授詹姆斯·马奇在组织理论领域有一个非常重要的论述："员工在组织中的绩效行为不仅仅来自目标，更多的是源于自我价值驱动。"

如果我们分析哪类组织效率最高，发现排在第一、第二的肯定是军队和社会公益组织。这两类组织恰恰有一个共同点，都不是通过物质激励来实现对成员的管理和激励。分析其原因，关键就在于詹姆斯·马奇所讲的自我价值驱动。

新兵入伍前可能还是懈怠的小青年，但是经过三个月新兵连的训练，就会发生脱胎换骨的改变。关键就在于通过目标的激励，使得他将自己在入伍这两年的付出与保家卫国等宏伟的目标联系在了一起，实现了对自我的激励。

我印象很深刻,我在深圳华为公司工作时,我的一位同事因为工作压力大、发展目标模糊等原因选择了辞职,虽然很多是由于个人认识等原因导致的,但是他离职时状态确实极差。两年后我偶然在街上遇到他,他状态非常好,整个人变得积极乐观、充满活力。我很好奇,问他是否找到了更高薪或者更有发展的工作,他告诉我他参加了共青团组织的一个项目,在贵州山区支教,虽然每个月只有300元的补助,但是他觉得付出是值得的,因为自己的付出能够为中国的教育事业和未来贡献一份力量。

我想这就是自我价值驱动所带来的。当然,由于每个人对价值和诉求的认可不同,自然导致对同一事物有截然不同的看法,最终也一定会通过行为表现在绩效上。我们需要思考的是,在管理中如何能够更好地利用自我价值驱动实现对员工的激励和管理。

我在学校工作经常会参加学生组织的一些活动,有一次恰好在一周内连续参加了两场学生活动,带给我的感受却有较大差异。

一次是我临时决定参加的大三学生自己组织的知识竞赛,发现和我想象中的知识竞赛差异巨大,无论是比赛形式、内容以及表现,都在彰显"90后"的特点。从比赛的形式看,除了传统的辩论环节以外基本是情景模拟,学生用一个个情景短剧展示他们对企业、社会和管理的认知。每个学生在台上的表演环节都能做到落落大方,我能感受到他们极强的自信心、表现欲和应变能力。表演部分最为出彩,台下一直欢声不断。虽然,在欢笑声的背后也暴露出认知深度等一些问题,但是可以说整场竞赛的效果非常好,达到了预期的目的。

而另外一次活动,则是应学院要求组织的一台晚会,明显能感觉到学生参与的热情不高,同样的主持人在一周之内两场活动的表现可以说大相径庭。如果从詹姆斯·马奇的观点来看,差异可能就在于是否实现了自我价值驱动。这可能也和"90后"自己对一件事情的价值的判断标准有关。

同样,面对员工群体,如何激励和调动他们,我想也必须考虑对自我价值驱动的管理。从人力资源管理的角度来思考,有效沟通必将真正成为管理的生命线。构建展示平台和有针对性地引导必将成为激励、调动的前提和主要方式,KPI 的导向作用可能对这个群体的作用有限,而通过构建良好的展示平台所带来的绩效动力可能远远超过目标的牵引。

我们现在的管理思想更加强调通过建立各种目标体系来牵引员工的成长,未来也许我们需要做的不是预设目标,而是通过平台搭建激发员工在平台上产生目标和完成目标,也就意味着管理者的重心将从目标控制转向方向控制。

所以,我设想,未来的管理者必须首先是教练员——不是基于目标完成的教练,而是基于系统思维训练的教练。未来的管理重心必须是平台的构建——不是简单基于职业发展的能力平台,而是基于能力发挥的展示平台。

第四节　激励来自认可

网络经济带来了沟通方式的剧烈变化,也造就了新一代年轻群体新的价值认可诉求,而这个群体比以往任何一个时期的员工群体更加渴望表达和被关注、被认可,如何满足这些新的认可需求,是实现有效激励的重要前提。

过去,我们进入一个组织,家长都会反复强调要好好表现,做好手头

的每一件事,领导就会关注你。而现在的年轻员工则完全不同,我经常听到他们在讲"因为你不关注我,所以我就不好好表现"。这可能和他们从小的生活环境有关系,大多数新生代员工都是独生子女,在过去的成长环境中一直处于被关注的地位,也导致了他们的逻辑正好和过去的逻辑相反,所以认可成为激励实现的前提。对新生代来讲,认可不仅仅来自组织内部,社交网络的发达使得被更大群体认可也成为他们所追求的目标。

针对这一新的变化趋势,彭剑锋教授在2013年的多次演讲中提到,人力资源管理已经进入人力资源价值创造与效能时代、全面认可激励时代。人力资源管理者面对的新问题在于如何让每一位员工成为价值创造者并有价值地工作,全面提升人力资源价值创造与效能。如何让每一位员工的努力与价值贡献得到全面认可,激励员工开发潜能,创造出高绩效。全面认可涉及如何通过认可激励绩效提升,如何通过认可激励文化行为、企业公民行为,以及如何通过认可激励员工忠诚、员工成长与客户忠诚等。比如通过设定工作任务认可或者服务认可来激励绩效提升,企业可随时在认可专区发布任务和认可积分。如果某位员工或某些员工群体有意愿承担并完成了任务,则可获得相应积分;或者来自客户的每一次正向评价都将快速对应一定的认可积分奖励给员工。员工可以使用这些积分在企业的相应平台上兑换自己心仪的奖品或服务。通过这种方式实现了对员工绩效优秀行为的及时认可和个性化激励,就能够鼓励员工发挥所长、勇于承担任务、积极服务客户。

关于激励认可的管理模式应用,国际上已经有非常成熟的案例。同样基于云概念的 Globoforce 和 Achivecers,就是在这个领域比较有代表性的公司。Globoforce 是典型的人力资源咨询公司,其主要业务就是提供员工激励认可的咨询服务。Achivecers 成立于 2002 年,主要是运营员工激励平台。Achievers 把激励的过程变成了软件运营服务模式

SaaS(软件即服务),让客户通过这个平台利用奖励措施和社交网络来激励员工。

Achievers的员工奖励平台的机制是这样的:让员工把自己的工作成就共享到Twitter、LinkedIn和Facebook上,同时员工可通过电子邮件转发这些社会认可。在这个平台上,员工可以获得积分,这些积分最后通过对接的自选平台兑换成员工所期望的福利或产品。在解决员工及时激励认可的同时以自选激励的方式实现了个性化需要的满足。

孙 波 文 库

孙波文库

第九章 绩效管理就是"改进工具"

在谈到绩效管理时，我经常会举一个极端情况下的小例子。假设两位员工都不识字，进入企业以后，第一个考核期大家的指标都是认识这些字。当第一个考核期结束的时候，一位员工已经全部认识了这些字，而另一位只认识其中一半的字。面对接下来的一个考核期，如果还是要以"认字"作为考核指标，显然对第一位员工而言就过于简单。可是如果以"是否会写这些字"作为标准，对第二位员工而言要求又太高了。

这个时候，如果想要实现对两位员工的牵引，理想的指标设计应该是：根据个人的发展情况，对第一位员工考核是否会写，对第二位员工考核一般的字会写，另外一半的字尽快认识。这样做的好处是，两位员工都能够为接下来一阶段的工作付出努力，不会出现一个人轻松得无事可做，另一个人努力也无法实现目标的情况。并且，由于每个人的指标都不同，这就避免了员工之间进行简单的横向比较，保证员工能够更加专注于自己的工作。不过，这种做法也常常让企业提出质疑：既然两人的工作相同，为什么考核指标不一样？这样做是公平的吗？

在前面几章中，我们反复强调绩效管理的本质是促进组织与个人能力的不断提升，基于这点认识，在绩效管理中采用的一切手段，其目的都应当是指向能力提升的。我们也在前面的章节中讨论过组织能力与个

人能力的差异,但是归根结底,组织能力需要通过个人来实现,因此个人能力,特别是管理者的个人能力,对于整个企业的发展都是至关重要的。这一章就将围绕"能力"的话题来探讨"绩效管理是改进工具"这一观点对企业的意义。

第一节 绩效管理不是为了区分

绩效管理作为整个人力资源管理的中枢,其作用越来越被企业所认可。由此,又带来一个新的问题——"绩效管理神秘化",似乎绩效管理是一个非常复杂的技术。随着理论界对相关技术、方法、工具研究的深入,企业也陷入了技术化的陷阱。

我曾经到国内一家著名的生产汽车制造企业参观,企业向我们展示的绩效管理系统是一个非常精细化和庞大的体系,在信息化系统中将集团战略目标层层分解、量化,每一个员工都有一个庞大的绩效数据指标库。绩效管理对于管理者和员工而言都变成了在系统里选择指标的过程,迷失于究竟要考核什么。

我认为这就失去了绩效管理的本源,陷入了技术化的误区。绩效管理的目的究其本质还是在于不断提高组织和员工的绩效能力,通过绩效沟通、辅导以及反馈的过程,推动员工不断提升能力。

另外一个问题就是绩效和激励之间的关系。理论上一般认为绩效管理结果一定要与激励紧密结合,才能真正发挥作用。我们在咨询过程中经常遇到企业用非常精细化的奖惩措施替代绩效管理过程,导致员工对绩效管理的作用发生误解,认为企业推行绩效考核无非是为了将大家

第九章 绩效管理就是"改进工具"

进行区分,然后体现在奖金收入的差距上。我认为,绩效管理与激励措施挂钩本身是没有问题的,但是如果企业用一系列扣分扣款的标准替代绩效考核,必然会使员工关注收入而不是关注改进。

我在一家酒厂协助他们进行绩效改进时,发生过一件真实的事情,对我触动非常大。在企业原先推行绩效考核时,采用了末位惩罚的方式,也就是每个班组指标完成情况处于后两位的员工奖金会受到影响。

一个班组到了月末进行绩效考核时,采用大家选举的方式来评定末两位。最后的结果是,一位同事因为没有来被大家投票评上,另一位同事因为家里有急事,主动要求被评上。当奖金发放下来时,班组其他成员也觉得这两位的奖金少了是不合理的,所以整个班组又将所有的奖金合在一起进行了二次平均分配。设想一下,如果这样的方式长期下去,不仅不可能达到绩效改进的效果,还很有可能形成员工小群体与企业的对抗情绪,显然是难以持续的。

我认为企业在推行绩效管理时,应根据企业的实际状况,不一定要和薪酬激励紧密结合,可以考虑通过其他的方式来达到牵引员工改进的目的。绩效管理绝不是仅仅应用于薪酬分配,所以"区分功能"应该不是推行绩效管理所追求的主要目标,尤其不是为了区分从事同样或者类似工作的员工之间的绩效差距。因为从本质上说,绩效管理应该引导员工的行为与自身的改进要求紧密结合。

基于这个理解,笔者以为,即使从事同样工作的两位员工,完全可以基于各自能力缺项设置不同的指标。有的人会质疑,他们两个既然是从事同样的工作,为什么考核指标不同?这样是否公平?事实上,我们不能够把管理目的通过一种管理工具实现,能力的差异所带来的指标差异应该通过能力体系的建设来体现。能力有差异,从事同一工作可以在深

度和广度上有不同的要求,只要薪酬标准体现出了这种差异,那么前面所提到的不公平就已经在能力认可时解决了。绩效管理仅仅是"改进工具",我们不应该给它赋予太多的目的和含义。

第二节 员工能力改进依然是组织绩效提升的源泉

组织绩效来源于组织系统能力的"破坏性创新",但是每个组织能力要素的改进最终是通过人来实现的,从这个角度说,员工能力改进依然是组织绩效提升的源泉。

绩效管理始终在追求员工能力的不断提升,这一点体现在绩效管理过程中各个环节的沟通上,尤其是在绩效反馈阶段。绩效反馈阶段最主要的目的在于引导员工实现改进。绩效改进就是确认组织或员工工作绩效的不足和差距,查明产生的原因,制订并实施有针对性的改进计划和策略,不断提高企业员工的竞争优势。在面谈反馈前很重要的一项工作是确认和分析工作绩效差距,确认工作绩效差距的方法一般包括目标比较法、水平比较法和横向比较法。目标比较法就是将员工的实际绩效结果与计划目标进行比较,判断是否存在差距。水平比较法主要是通过绩效规律判断员工是否存在差距,比如与同期历史业绩进行比较等。横向比较法就是在成员之间进行横向比较,但是这个比较一定要严格按照某个既定标准,绝不能进行人与人之间的综合比较,否则会引发一系列管理难题。

如果确认员工的实际完成绩效存在差距,那么就要分析员工绩效差距产生的原因。员工绩效不佳可能是由多个原因造成的,如企业外部环境、企业内部因素、个人体力条件以及心理条件等(如图9-1所示),有很多因素不是员工主观努力可以改变的。绩效差距分析主要是寻找导致

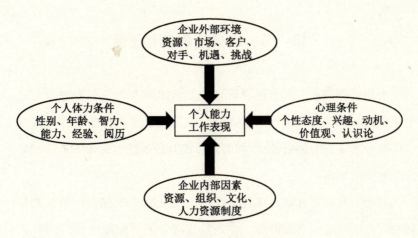

图 9-1 影响员工绩效的因素

绩效不佳的员工的能力弱项进行改进,对其心理因素进行调整。

通常我们会从知识、技能、态度和外部障碍四个方面进行分析,首先判断员工是否具备解决问题的知识与技能,其次判断是否存在不可控制的外部障碍、员工对待工作是否有正确的态度和自信心。知识和技能的不足被称为发展问题,这是我们重点要帮助员工改进和提升的。态度和外部障碍的问题被称为管理问题。这两类问题的解决策略是完全不同的:如果存在外部障碍,考核者应该首先在本人权限范围内,最大限度地排除它们,或尽可能减少其影响;如果存在态度问题,考核者必须在解决发展问题之前解决它,态度问题不解决,一切预期变化都不可能发生。一定要注意不能用解决发展问题的方法来处理管理问题。发展问题的解决方法应以在职训练和自我启发为主、脱产培训为辅。考核者应该在与被考核者的讨论中,对解决方法达成共识,这样他们才会全身心地投入,在解决问题的过程中就实现了员工能力的不断提升,进而保证组织的变革与创新能够被执行并最终带来组织绩效的提升。

第三节 既要述职也要述能

中高层管理者的人力资源管理责任承担和人力资源管理能力是一个企业管理水平的决定性因素,同样,中高层管理者在绩效管理体系中也承担着非常重要的角色,他们的能力提升和改进也成为绩效管理体系提升的关键所在。

对于中高层管理者,目前比较有效的能力提升和绩效评价方式是经营检讨与中期述职管理制度。中高层管理者通过制度化例行的经营检讨活动可以有效防止"战略稀释"现象的发生,通过各部门共同参与的经营检讨活动建立符合企业战略的协调一致的一级、二级绩效指标,明确个人工作与企业战略之间的联系,驱动个人的行为。

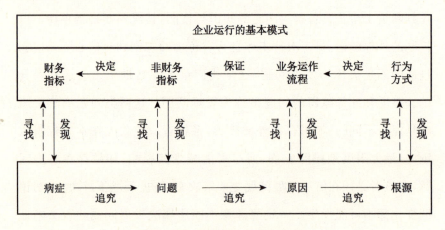

图 9-2 经营检讨的基本模型

中高层管理者中期述职要求管理者就目标完成情况以及完成过程中的关键事项、成功或失败原因进行检讨,这本身就是经验与知识共享的过程,是一种学习型组织的学习方式。通过绩效分析,找出问题,提出改善绩效的行动或措施推动持续的绩效改进。在述职过程中,管理者之间经验的分享和交流可以很好地促进管理能力开发，发掘潜能，提升管理素质和能力。国内很多企业，尤其是很多大型国有企业很早就采用了述职的方式来对中高层管理者进行绩效评价，但是因为述职仅仅围绕着职责展开，没有形成绩效承诺的文化，更没有关注管理者能力培养和提升，导致述职流于形式。

如果大家有印象，可能会记得吴士宏曾经在一本自传《逆风飞飏》中描述过一个现象：每年微软的所有经理都会经历两次痛苦的过程，通过的人都会有一种被刮掉两层皮而获得重生的感觉。

这里说的就是微软的中期述职制度，可见中期述职在微软高层管理人员管理体系中的重要地位。

业界一直流传着一个段子，说华为公司任正非第一次见到微软的述职制度后赞不绝口，说"微软有这个不成功都难"。为什么一个好像我们很多企业都知道并且也在用的述职制度能够引起任正非如此的感叹？

我们可以看一看微软当年述职所包括的主要内容：目标承诺陈述（量化指标、完成情况）、主要业绩行为分析（成功事项分析、提炼经验）、主要问题分析（失败事例分析）、面临的挑战与机会（SWOT 分析、竞争对手分析、市场状况）、绩效改进要点与措施、能力提升要点及方法、要求得到的支持与帮助、目标调整及新目标的确定。

从述职的内容我们发现，这样一个述职结构真要认真完成绝不是简单的事情。述职的重点不仅仅在于做了什么事情，更重要的在于对问题以及行为的深入分析和检讨，这些都涉及对管理能力的检点，而且这样一个述职的过程一定会对述职者的能力提升起到很好的作用。这与绩效管理的核心思想是完全一致的，即不断提升组织和员工的绩效能力。所以，中期述职不仅仅是述职责，更重要的是述能，通过述能不断提升绩效能力，实现绩效持续的改进。

孙 波 文 库

孙波文库

第三篇 趋势篇

第十章 人与组织关系的变化

2016年以来,人力资源管理领域最为关键的提法是:人与组织关系的重构。它引发了我们对人与组织的各种各样的思考。那么,如何理解人与组织关系的重构?人与组织关系重构的驱动因素究竟是什么?这种关系变化的本质是什么?绩效管理随之会发生什么根本性的变化?

人力资源管理理念的变迁很大程度上来自对作为个体的"人"的认识的不断深入,从"人是工具论"到"人是目的论"是巨大的进步和飞跃,"人是目的"不但成为一种管理理念,而且在企业中得到了实践。这时,组织经营的根本目的在于支撑人的发展,人和组织的关系发生了剧烈的变化,于是我们提出了人与组织关系的重构,而且认为人与组织关系的重构来自对人本身认识的不断深入。

第一节 人与组织关系的形成

不论在人力资源发展的哪一个阶段,人与组织的关系都是在漫长的实践之后,人们对其规律的总结。很多时候,企业的实践先于理论的产生。如果不能真正找到组织变化的驱动因素,就很难预测它的未来。比如,我们认为这种重构来自对人的认识的不断深入,那么就当前阶段而言,人在未来会发生什么样的变化似乎难以预测。为什么呢?可能是因

为我们总是把总结出来的规律或者结果当成发展变化的驱动因素,实际可能并不是这样。

比如,我常开玩笑说,我当年去华为工作是因为收入高。收入高当然是一个很重要的因素。因为当年我在西安的国有企业做中层干部的时候,一个月的收入不到 1 200 元,但是华为的起薪就是 5 000 元,而且是试用期工资。之后还会涨 500~5 000 元,这个诱惑是非常大的。不仅如此,当时华为的福利还包括社会保险、基本工资 15% 的安全退休金,工卡上还有每个月 800~1 000 元的费用,可以用于买班车票、用餐等个人支出。因为到华为工作,我的生活水平确实得到了很大提高。表面上看,这是因为深圳地区工资普遍偏高或者高激励政策是华为吸引人才的手段。但是做一个深入比较,就会发现事实并不如此简单。

我在华为做招聘经理时,发现在同一时期,就我担任的招聘经理一职,深圳人才市场上的薪酬水平在 4 000 元左右。那么,华为为什么要以远远高于市场价的薪酬从内地高校招聘人才呢?如果仅仅为了找到一个合适的人才,简单追求人岗匹配的话,完全可以用更低的成本来获得。所以,我们是不是可以假设,华为当时对人岗匹配关系的认识超越了其他企业:当其他企业还在"人岗匹配"阶段,强调合适的人做合适的事情时,华为公司已经意识到人本身的"价值",并且已经在追求和实践通过人与事的有效配置促进事情发展,同时带来人本身的发展。也就是说,进入了前文所述的"人事互动"阶段。

在其他优秀企业的管理实践当中,也有很多类似案例可以总结。那么,这些管理的创新,或者人与岗位、人与组织关系的创新尝试是否来自对人的认识的深入呢?我们不妨对管理学理论的发展进行简单梳理,看看人与组织关系的形成、组织中管理状态的变化是否源于对人认识的不断深入。

传统认为,我们对人的认识的应用是管理学里面最主要的行为科学理论的缘起和发展脉络。比如在20世纪20年代，霍桑实验开启了行为科学理论；在其后的20年左右，马斯洛在《人类经济理论》中提出了需求层次理论；1954年，德鲁克提出"人力资源"的概念，进而在1958年提出了人力资源管理的概念；再到后来，双因素理论、X理论、Y理论、工作与激励、期望理论等纷纷登上了人力资源管理的"舞台"。20世纪70年代，社会心理学家麦克利兰就开始在美国的驻外联络官的选拔过程中，大规模地应用了"才能识别与评测机制"，并最终为美国政府建立了FSIO才能模型。所以，如果说是对人的认识的深入带来了今天人与组织关系的重构，那么，我们必须承认早在20世纪前半叶，对人的认识就已经很深入了。而我们在21世纪再去谈人与组织关系重构的时候，显然不仅仅是由于对人的认识的不断深化。

第二节　人与组织关系演变的两个驱动因素

如果我们不能理解或者找到人与组织关系变化的真正驱动因素，也就不能预测未来组织和个体关系的演变和进一步发展。怎样才能找到这样的因素呢？还是要从人和组织的两方面去看。

一、第一个驱动因素：技术的不断突破和应用

笔者认为，组织形态发生变化的第一个驱动因素是技术的不断突破和应用。

先请大家看一首五言诗："双眸剪秋水，一手弹春风。弹尽琵琶怨，醉难入梦中。"我们应该可以理解它的意思，感觉得到它所传达的意境。但这首诗是机器人写的，也就是我们常说的人工智能，相信大家对此和我一样震惊。我曾经试图从网上了解人工智能AI能干什么，网络告诉

我,机器人会写诗,当机器人不但可以简单提升效率,甚至还能够写出一定意境的诗词的时候,它对我们生活的方方面面的挑战是难以想象的。

谷歌曾发布了一张图,显示了 AI 技术面对复杂事物的处理速度与处理方式。这是人脑不能抵达的高度,是新技术不断应用的结果。阿尔法狗挑战李世石,并打赢天下所有的围棋高手的事情发生了,而在往后的一段时间里,一定会出现更深入影响我们经济生活的情况。我们必须正视这种变化,尤其要认识到,这会对组织产生什么样的影响。

李开复在 2016 年的世界经济论坛上说:"在未来的十年之内,世界上有 50% 的工作将会被人工智能所替代,尤其是翻译、记者、助理、保安、司机、销售、客服等岗位。"当这些工作都被人工智能所替代,不再有人去从事这些岗位的时候,组织内部的架构或者模式一定会发生变化。

我曾与彭剑锋教授一起去阿里巴巴杭州总部交流。当时,我是带着那种经过华为洗礼的"工业化时代高科技企业的模式"去审视阿里巴巴的各个环节,应该说当时留下的印象并不是非常美好。但彭教授认为,这也许是由于我们与互联网企业接触太少所造成的,因为我们并不能够真正理解它。2017 年 1 月初,我应邀参加了阿里研究院主办的"远见2046:第二届经济智库大会",原来的印象发生了巨大的改变,在本次大会上,阿里研究院对前沿事物的很多判断和观点我都是认同的。比如在本次大会上有参会嘉宾提出在未来的 10~20 年,有 710 万左右的岗位将会消失,在 702 种职业中有 47% 的工作可能会被人工智能和机器人所替代;数据在整个经济活动当中充当了主要因素,其价值会超过石油、土地,用数字技术和互联网、云计算、人工智能武装起来的新实体经济会替代旧的实体经济。其时,阿里将不再是虚拟经济了,套用阿里研究院的概念,阿里将成为新的实体经济。新的实体经济对于在当下经济体中生存和发展的组织或者企业来说,一定会产生巨大的影响。因此,驱动组织和人的关系变化的最主要的因素,是技术的不断突破和应用。

第十章　人与组织关系的变化

在这个论坛上,麦肯锡全球研究院的院长在演讲中说:"我们过去做咨询的主要方式,是依据我们的逻辑所展现的严密思考来引导客户,但现在不是这样了。现在,人工智能比人的逻辑性更强,并且能够处理大量数据,这是人所不能的。"并且提出,今后在全球范围内招聘咨询师的时候,不会再像过去那样,只招聘 MBA、EMBA,只招聘经济学与管理学背景的人了。他们希望招聘一些艺术类的人才来做管理咨询,因为时代需要一种截然不同的思维方式和创新思维——这是不得了的变化,它一定会带来整个组织内部的工作模式的重组。对此,我们怎样去理解和认识呢?

阿里研究院的研究显示,人工智能会推动组织形态的演进。比如在新的实体经济里,新的组织形态叫平台经济体,这是一个前所未有的概念。平台经济体把组织的分工协作提升到了前所未有的高度。在最早期的工业化阶段,通过分工协作,或许可以把 100 个人组织起来,大规模工厂时代则可能组织 1 000 人——超过了一定规模,分工协作就会变得困难,传统的组织模式不可能化解大规模生产所带来的成本。当信息技术不断地得到突破和应用之后,组织 100 万人都不会有困难,阿里将之定义为跨国公司。但是,当新的组织模式——平台经济体诞生时,它可以把更多的人,比如 3 000 万人迅速组织在一起,这就是大淘宝系。2016 年,大淘宝系的零售收入超过了 3 万亿元。这是什么概念呢?它已经超越所有的实体销售企业,成为最大的零售企业。而且,通过阿里一个主体,就整合了 3 000 万人。3 000 万!这就是未来的组织,是人工智能技术的应用所带来的变革。

阿里研究院认为平台经济体具有四个特征:(1)数据驱动;(2)平台支撑;(3)开放协同;(4)普惠共存。阿里研究院院长高红冰说:"过去,在互联网经济刚开始的时候,我们把它称作一代数字经济。互联网经济对数据和技术的应用,带来了更大的贫富差距,但是平台经济是具有普惠

性的。"

同时,在阿里研究所报告中传递的概念,互联网企业是一种过时的组织模式。当我们还在研究"+互联网"或者是"互联网+"的时候,在他们的心目中,这些已经过时,很多互联网企业已经不得不向平台经济体转型。阿里的研究认为过去的传统企业很多也在变成平台经济体,或者部分变成了平台经济体,比如通用电气公司、苹果公司。

新的实体经济将会替代旧的实体经济,那么我们的组织通过技术的应用,则发展出一种可能性,使得我们有可能从传统组织向平台经济体转型。或许公司这个概念在未来二十年之内就会消失,至少不再是一个主流的概念,而平台经济体将成为我们过去概念中的企业或者公司这种组织的替代名词。

因此我就在思考,阿里所谓的新的实体经济指的是什么?在查阅了一些资料之后,我发现,新的实体经济有几个关键点:

第一,个人成为经济的主体。在过去的社会经济关系里,企业和企业之间的关系就是市场经济中市场关系的主体。但是,在新的经济体当中,个人成为经济的主体。这是新实体经济的一个巨大的特征。

第二,在"公司"时代,社会经济关系里的主体是公司与就业者所签订的雇佣劳动合同。但是,当"公司"演变成平台经济时,当它开始以个人为中心时,公司和个人之间所建立的劳资关系不会继续成为社会经济关系的主体。

因此,我认为阿里所谓的新实体经济应该是由过去以企业为中心转向以个人为中心,这是它最大的一个特征。而当我通过自己的理解试图对新经济进行总结时,恰巧看到了国务院发展研究中心产业经济研究部研究室主任魏际刚提出的新经济的八大特征。这八大特征基本上印证了我们所认为的——技术推动了整个组织变革的过程。

第一,以人为中心。在新经济中,企业与企业之间的关系不再构成社会的主体,而是以个人为主体;劳资关系也不再是社会经济主体,而是以交易关系、市场关系为主体。

第二,数字化连接。这使整个社会效率大大提升。

第三,新经济基于新的要素。在新经济中,最重要的要素是数据,这也是我们现在最为关心的热点问题。

第四,全方位的协同和集成。

第五,自动化。这种自动化不是我们所认为的某一环节的自动化,而是全价值链的自动化。

第六,智能化。智能化是把智能技术用于全部的过程。

第七,一切皆服务。在新经济中,服务将在整个价值创造过程中扮演更重要的角色。

第八,大生态化。我们现在所谈到的生态圈、服务等内容,其实都是新经济体的特征。

鉴于这样的认识,我个人认为,组织结构演变的一个很重要的驱动因素,应该是技术的不断突破和应用,尤其是AI技术的不断突破和应用。

二、第二个驱动因素:社会需求基准的不断提高

从人的角度来说,我们经常讲到代际冲突,比如"80后""85后""90后"等。新一代的产生带来了截然不同的管理挑战。现在,企业在招聘新员工时往往会发现,过去的激励理论对他们而言是失效的。这是令人沮丧的,我们需要找到传统激励理论失效的原因。是因为人变了吗?人哪里变了呢?每当我面对学生或者是新员工时,都会思考:代际问题究竟是什么原因带来的?这需要我们回归本源去看问题,去探求是什么变化引起了这一代人与上一代人的不同。

笔者认为代际冲突是由代际之间不同的社会需求层次引起的,或者说是由社会需求基准的不断抬高引起的,这也是驱动人与组织关系重构

的第二个重要因素。

从我们最熟悉的马斯洛需求层次理论看。在研究、思考社会整体需求变化问题的时候,我给出了三个基本假设:第一,社会整体需求层次应该呈金字塔模式分布。大多数的需求应该是底层的需求,向上会越来越少。第二,社会需求的基准,即最底线的需求会随着社会财富的积累不断抬高。越来越多的人脱离了最基本的生存需求,在往上走。第三,社会需求基准决定了主流组织形态。众所周知,很长一段时间里,政府提倡让一部分人先富起来。这或许表明,很多人在很早的时候就脱离了最基本的需求,但是社会整体没有达到这个层面。而我认为的主流组织形态是由需求基准决定的。

为了便于理解,可以把马斯洛的需求层次图倒过来看如图 10-1 所示。

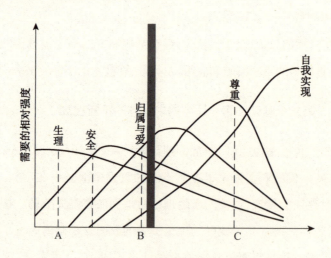

图 10-1　马斯洛的需求层次

当生理需求成为社会需求基准的时候,它肯定是最大的需求,然后才是向自我实现逐渐递减的过程。当整体的社会基准需求达到了归属与爱的需要和尊重的需要之间时,这意味着绝大多数人已经脱离了基本的生存需求。

有哪一个群体的基准需求在这个点位附近呢?就是现在的"90后",尤其是城市家庭的"90后"。因此我们所有问题的根源在于,这部分人进入职场时,其需求层次已经发生基准性的提高,他们不再追求简单的生存。在学生毕业之前我常常会问:你毕业之后有什么计划?他们往往都希望先回家休息休息。尽管这种"人生计划"听起来不够上进,但这背后所反映的是,对这部分人而言,生存已经不再是一个问题。生存不是他的第一压力时,他的压力来自哪里?他的需求在哪里?我认为是尊重,甚至是超越了尊重,达到了自我实现的阶段。"矛头"直指最高需求。

关于这个问题,凯恩斯早有断言。他在20世纪30年代所著的《我们孙子辈的经济可能性》中提出:"从满足每个人的生存需要角度来说,经济问题可能会在100年之后得到解决。随之工作时间减少到每天3个小时,也就是一周15个小时。"

他所指的100年,现在还不到,还差十几年。在这十几年的时间里,技术还会有怎样的发展,很难预测。也许到了2030年,很多人真的不需要工作了。当人工智能、机器人可以完全满足,或者在一定程度上满足我们最基本的生存需求的时候,当整体需求基准提高的时候,会带来什么问题?我认为,那就是人与组织的关系重构的问题。

所以,从人的角度来看,社会需求随着需求层次的不断抬高,也会促使人的方方面面发生变化,进而导致人与组织之间的关系必须重构。

第三节 人与组织关系的本质

上述关于人与组织关系变化的驱动因素的思考,有两点很重要:第一,技术的进步,尤其 AI 技术的广泛应用,推动了组织形态的变化;第

二,从个体来说,人类的需求层次推动了社会整体需求基准的提高,带来了人和组织关系的变化。找到了这种变化驱动因素之后,进而要思考的一个问题是:这个变化会带来什么?

2016年和2017年这两年,人力资源领域一直在探讨人与组织关系的重构,我也观察到很多案例支持它。人与组织之间的关系确实发生了变化,于是我们提出了雇佣时代已经,或者即将,或者正在消亡,走向了一个新的时代——非雇佣时代。这时,雇佣关系发生了变化,变成了合作关系和契约关系。这是我们已经观察到的现象。

但是从2017年下半年到2018年初,我们参加所有的管理论坛或者管理讨论时,遇到的最多的概念是"组织的进化"。为什么从"人与组织的关系"这样一个热点话题开始,讨论的方向变为了"组织的进化"? 显然是我们又遇到另外一个问题,而且它现在成为一个被聚焦的关键问题。

具体而言,我们越来越认识到个体的价值在崛起,开始承认个体的价值,甚至有些企业做得更极端,表示应该完全依赖个人价值的发挥来带动组织本身的发展。但同时,我们在跟企业交流的时候,发现很多企业面临一个现实问题:现在越来越强调依赖于个体价值,那么组织目标怎么办?

怎样面对组织目标和个体目标,以及组织价值和个体价值一致的问题,就成了企业、人力资源管理者要思考的问题。当个人价值越来越被强调,并被提到很高程度的时候,面对组织目标和个体目标如何一致、如何实现的问题,我们可以观察企业化解两者不一致问题的典型做法。

有两种典型的做法,或者说是有两种典型的观点。

第一种典型做法是通过强的领导力实现组织目标和个体目标的一致。比如作为热点反复讨论的华为的各种创新,其本质是通过强的领导力化解组织目标和个人目标不一致的各种方式。当然这不能简单理解为任正非先生个人的领导力,而是组织整体多年传承、集聚下来的领导力的体现。

第二种典型做法是组织成为平台,通过促进个体价值的实现进而与个体分享价值。比较典型的就是海尔提出来的"人是目的"的企业经营观。基于这个假设,企业作为平台支撑个人的价值实现,平台发挥了价值,就该去分享这个价值。

当然,除了这两种做法,要化解个体目标与组织目标的不一致问题,还有其他方式。我之所以把这两种做法提出来,是因为这两者背后所对应的是两种截然不同的经营假设。

第一种做法中,通过强的领导力解决组织目标和个人目标不一致的问题时,是以什么目标为先?显然是以组织目标为先。为什么华为会选择这样的路径?这是典型的由工业型经济向知识型经济进化的过程中,大型高科技创新型企业所积累下来的经验的惯性。它的基本经营假设是适应大工业化时代的,是组织基于资源与能力预设目标,确定一个战略目标,再基于目标的实现设置一个架构。当然这个架构在不断变化,企业通过致力于人岗的有效匹配,保证每个人高效运转起来,从而提高组织运行系统的高效率,进而保证组织基于能力和资源假设的目标能够实现。这是一种经营假设,这种经营假设有它的条件,在相对稳态的外部环境情况下是可以实现的。企业追求的个体目标和组织目标的一致,是在允许个体目标创新的前提之下,服务于组织整体目标的实现。

第二种做法是海尔提出来的,把个体目标的实现作为组织经营的一个基本目标。这种做法背后的关键是另外一种截然不同的经营假设。技术的更新、技术的应用、计算速度的提高、人工智能的处理速度提高,使得这个经营假设可以得到应用。组织不是基于能力、资源假设去选择最优目标,然后去实现它。因为技术的应用,运算速度跟上之后,组织可以同时选择多个目标。这时候允许有个体目标,组织不再是基于资源能力预设目标了,而是把资源平铺下去,并行前进。它的经营假设是什么

呢？企业可以支撑多条线的个体创新，然后通过支撑个体创新捕捉和快速响应外界的变化，进而满足客户的需求、带动组织的发展。

这个经营假设的表述中，没有用"组织目标的实现"，而是用了"组织的发展"，它们是有差异的。差异在于什么呢？之前我们基于个体目标和组织目标的一致，通过设置架构，保证它们之间的一致性。现在只谈"组织发展"，不谈"组织目标"，个体目标和个体价值就得到了进一步的强化。

在这两种截然不同的经营假设之下，我们开始纠结：是个体依赖于组织，还是组织依赖于个体？很多学者明确提出，现在的组织越来越依赖于个体。如果事实确实如此，过去的个体依赖于组织的观点是不是一定会被抛弃呢？

我们回过头来看看巴纳德关于组织的经典论述：组织能否发挥效用，取决于组织本身能否带动组织成员一致性的行为，大多数的情况下，组织成员有着不同的目的和行为选择，如何让这些目的和行为不同的人集合在一起？其关键因素是什么？巴纳德告诉我们，这个关键就是"合作"。他所谈的"合作"，有一个很重要的前提，即组织目标处于核心地位。在这个基础上他提出，组织的构成要素（或者组织可持续发展的充分条件）主要有：第一，沟通交流；第二，做出贡献的意愿；第三，共同目标。

这位先贤在1938年的著作《经理人员的职能》中系统论述了这个观点，在很多人认为传统理论已经过时的今天，放在如今完全不同的互联网环境之下，依然可以解答我们心中的困惑，我从中得到了两点启发。

第一，组织目标从基于能力资源假设，变成了动态修正假设。

在这个时代背景之下，组织目标制定的假设发生了变化，从基于能力、资源假设确定组织目标，变成了动态修正假设。我们不必再纠结于组织目标和个体目标是否一致这个问题，因为目标本来就是动态的，要基于动态假设去思考。由此再去观察一些企业提出的新的三支柱,即不谈战略,而是谈文化、组织、人才。换句话说,企业不提目标了,因为目标基本的假设发生了变化,由过去明确的受资源能力限制所提出来的最优目标变成了一个发展的愿景,变成了愿景驱动。

第二,人与组织的关系由雇佣关系变为合作关系,其本质应当是"共生"。

合作的本质究竟是什么?该怎么理解合作?非雇佣关系又怎么理解?我们听到了"泛契约""半契约"等各种各样的名词,但是人与组织关系重构成了一种什么样的关系?巴纳德谈的是组织,谈的是合作,是组织分工所带来的人和人、事和事之间合作的关系,受陈春花老师新作《激活个体:互联时代的组织管理新范式》的影响,我进一步思考"合作",最终找到了"共生"这个词。

"共生"是一个生物学的概念,至少包括了六种关系。这六种关系在企业里面,在组织里面,在组织和人的关系里面都能够找到。

第一种共生关系是寄生,一种生物寄附于另一种生物身体内部或表面,利用被寄附的生物的养分生存。

第二种共生关系是互利共生,共生的生物体成员彼此都得到了好处。

第三种共生关系是竞争共生,双方都受损,就是损人不利己。无论对组织的可持续发展,还是对个人的可持续发展,这种形式都没有意义,显然人与组织的关系应当杜绝和回避竞争共生。

第四种共生关系是偏利共生,对其中一方生物体有意义,对另一方没有任何意义。在有些组织里面,个人获得巨大,组织没有获得,其实就是这样一种关系。

第五种共生关系是偏害共生,对其中一方生物体有害,对其他共生线的成员则没有影响。

第六种共生关系是无关共生,就是无益无损。

显然,符合我们期望的人和组织之间的共生关系应当是互利共生的关系。互利共生关系的一个核心词是"互利"。没有互利,共生怎么定位呢?人与组织实现互利共生,必须重新定义各自的价值。所以,我们需要研究各自的价值发生了什么样的变化。

无论在组织内还是在组织外,个体的价值实现一定是通过客户价值的实现来达成的。组织称为平台,个体在平台上有价值则生存,无价值不生存。这种价值实现本质上来说是一种交易关系。那么如何达成这种交易从而实现价值呢?我们知道交易的实现有四个条件。

第一,机会。没机会交易,谈什么交易的实现呢?

第二,能力。必须具备独特的能力来满足客户的某种需求,没有这种能力,交易没法实现。

第三,效率。在竞争环境中,交易达成的一个核心要素就是效率,尤其是对客户需求响应的效率。

第四,信用。这是最重要的,也是最容易被我们所忽视的。如果一宗交易没有信用就失去了达成的根基,大多数交易是由信用做基础的。

我们会发现,为保证个体价值的实现,个体对组织的诉求就是机会、能力、效率和信用。组织如果无法满足个体的这四个诉求,个体与组织之间的共生关系就会受到不同程度的影响,这可能就是我理解的人与组织价值重新定位的本质。

第一,机会的诉求。个体对交易机会有诉求,这种诉求驱动组织必须打破边界与线性流程,捕捉、增加与外部的交互,使得机会更多地出现。由此可以理解海尔的资源开放、平台开放。为什么打开组织边界呢?因为个体要完成与客户的"交易",对机会是有诉求的,所以组织必须创造机会,打开这个边界。

第二,能力的诉求。个体的这一诉求驱动组织必须去考虑组织能力规划与员工的赋能管理问题。它是两个层面的,第一个层面是针对个体能力提升的能力管理系统,华为称之为任职资格管理系统,这是最基本的能力规划。这种针对个体的能力提升还包括各种类型的创业培训等,其目的是赋能。另一个层面就是赋能型组织,华为的后方专业支持平台和前方"铁三角"(即华为聚焦客户需求的一线共同作战单元,核心成员由客户经理 AR、解决方案经理 SR、交付专家 FR 三个角色构成)之间的关系其实是一个赋能平台,通过组织在研、产、销等职能领域的专业化支撑,提升整体响应客户的能力。

第三,效率的诉求。这个诉求驱动我们重新去认识效率。管理本身一直在解决效率问题(陈春花,2017)。第一个阶段,科学管理阶段,以泰勒为代表的一批管理学家,解决的是劳动效率最大化的问题。那个年代的效率指的是动作分解,是劳动效率。第二个阶段,行政管理阶段,以法约尔为代表,解决的是管理专业化的问题,是组织效率最大化的问题。第三个阶段,人力资源管理阶段。1954 年德鲁克提出人力资源概念,1958 年提出人力资源管理,解决的是个人效率最大化的问题。

那么,现在个体对效率的诉求该怎么去满足呢?这就需要重新认识效率,重新定义效率。这种效率是指与外部实现交互、对外部变化进行响应的一种效率。把视角从内部的劳动效率、组织效率、个人效率转向外部,是外部视角的效率。对效率进行重新认识之后,我们就会发现,所谓的大数据、互联网、信息化建设、共享服务平台、共享交付中心等,都是在解决效率问题。组织架构之所以从所谓的串联结构变成并联结构,再变成环形结构,根本上都是效率诉求在驱动。

第四,信用的诉求。交易的本源就是信用。区块链技术最大的作用是解决了商业最本源的信用问题。

信用问题有多重要?看看共享单车给我们什么样的教训。共享单车这种模式在整个发展过程中忽视了信用问题。押 300 元钱、299 元

钱,或者押99元钱,就能够解决信用问题吗?不解决这个问题,缺失了最关键的一环,企业与消费者之间的关系一定不是互利共生,而是其他共生关系。

我认为,区块链技术的成熟一定会推进信用社会的形成,只不过是由过去的信用卡共享体系,或者中国人民银行的征信体系,变成了区块链技术而已。对组织而言,必须要能够对个体的信用做背书,双方的互利共生关系才能更长久。组织还必须考虑如何保证自身的信用,同时给个体信用做保证;否则个体可能利用组织的信用做出损害组织长远利益的事情,最终导致组织发展受损,因为组织是用自身的信用在做担保。

第四节 绩效管理将以价值评价为核心

阿里研究院预测,在未来20年,8小时工作制将会被打破,中国高达4亿的劳动力将通过网络进行自我雇用和自由就业,这相当于中国总劳动力的50%。未来个体的价值会通过自由雇用的方式来实现。

与此相适应,组织将通过平台化来支撑社会价值、个体价值、用户价值的实现,进而实现自身的价值,并分享这些价值。当平台通过促进个体的价值来实现价值、分享价值,价值创造的问题就解决了。

价值创造问题解决之后,就不得不面对价值评价的问题了。如何评价价值?过去我们评价价值的时候,有一个基本假设是人和岗位之间的适应性是配置问题。无论"人是工具论",还是"人事匹配论",还是"人事互动论",其实都可以用人和岗位之间的关系来回答。但是,当岗位胜任概念不复存在的时候,基于岗位履职来进行绩效评价就失去了意义,必须直面价值或者价值评价的难题。

引用彭剑锋教授的原话来说:"人力资本价值计量始终是一个世界

性的难题。一方面,在传统的人力资本计量形式中,货币化计量因口径简单难以算清;非货币化计量因其涉及的因素太多而无法纳入统计体系,也无法算清。另一方面,目前常用的两类方法的计量视角相对单一;以历史成本为基础的方法来反映价值增值,包括未来工资报酬折现等多种价值计量方式的主观性大,难以科学衡量。综合运用又会使方法过于复杂。"尽管是世界难题,但总是要解决它。如何解决呢?据我的观察,目前在企业的实践中,有三种新的绩效评价方式来实现对价值的评价以取代传统的基于职位履职状况的绩效评价方式。

思路一:直接以用户价值认可替代价值评价。

当企业找不到价值衡量的办法,不妨直接以用户价值认可来替代价值评价。海尔所谓的双价值循环、二维点阵、PK 机制等模式,其实就是通过直接的用户买单来实现价值认可——用户买单就可以接着干。反之,用户不买单,那么对不起,我既不评价你的价值,也不评价绩效,因为客户已经"评价"了。海尔的人单合一模式是产品通过拐点的设置、迭代等方式,不断对它的价值进行认可的过程。这就是海尔价值评价的方式,是直接用客户价值来替代传统价值评价。

这种方式在互联网企业或平台经济体里面是一种常态。比如分答提问[①]的游戏规则是,在平台上,有三个角色设定:回答者、提问者和"偷听"者。回答者在说明了自己擅长的领域之后,可以设置回答的价格,并对付费用户提出的问题给予回答。在这个过程中,其他用户还可以通过付费 1 元来"偷听"其他人得到的答案。被"偷听"一次,平台、提问者与回答者分享收益,所以回答者能赚钱,提问者也可能赚钱。

尽管目前分答上很多提问都是八卦问题,但是这种模式很了不起。

---

① 付费语音问答平台。在这个平台上,可以快速地找到可以给自己提供帮助的人,用一分钟时间为你答疑解惑。

这个模式从本质上来说,是通过用户价值的实现来直接替代绩效评估。假如我是分答平台上的一个员工或者创业者,如何来评价我的用户价值呢？用户买单就是直接评价。起点文学、微博上的打赏等方式,正是用户直接的评价。

从这个角度看,不需要为平台上的个体制定绩效评价方案,因为用户价值是一种价值创造和价值评价的很好的方式。

思路二：以协作的贡献来替代价值评价。

既然平台经济体是分工协作所带来的,这时我们不再以绩效来评价人,而是以协作的贡献来替代评价。

1995年,摩托维德罗和斯考特(Motowidlo & Scotter)提出了一个有关绩效的模型。他们将绩效划分为两个方面,一个方面定义为任务绩效,另一个方面定义为周边绩效。任务绩效既与具体职务的工作内容密切相关,也与个体的能力、完成任务的熟练程度和工作知识密切相关。周边绩效是与绩效的组织特征密切相关的。这种行为虽然与组织的技术核心的维护和服务没有直接的关系,但是从更广泛的企业运转环境与企业的长期战略发展目标来看,这种行为非常重要。

摩托维德罗确定了五类有关的周边绩效行为：(1)主动执行不属于本职工作的任务；(2)在工作时表现出超常的工作热情；(3)工作时帮助别人并与别人合作工作；(4)坚持严格执行组织的规章制度；(5)履行、支持和维护组织目标。

目前互联网企业流行的OKR绩效评价方式应当就属于周边绩效理论的一种实践。OKR源于德鲁克的目标管理,创建于英特尔,成功于谷歌,目前盛行于硅谷,它是价值评价的一种替代方式。谷歌内部一再强调,目标与关键成果法(Objectives Key Results, OKR)并不是一个绩效评价工具,而是一个管理工具。他们认为真正的绩效评价是同行审查(Peer Review)。简单地讲,这种方式类似于360度评价,是由大家来评价个体的价值以及个体贡献的方法,并且在目标确定之后,按照每个人基于目标所做出的贡献来衡量。这也是一种价值评价替代的思路,是以协作的贡献来替代岗位胜任情况所做出的评价。就评价方式本身来说,OKR是衡量个体通过协作对目标实现的贡献。

思路三:将绩效评价向前延伸,以价值观评价或劳动态度评价替代绩效管理。

我们观察到一些企业提出的"去KPI绩效指标"甚至"去绩效考核",并不是不需要进行绩效管理,而是强调个体的自主性,通过价值观的管理和整合统一员工的行为和思想,进而产生绩效。从内在机制上说,价值观主要通过改变个体的行为模式而对绩效结果产生影响。沙因的理论模型表明,价值观是行为的深层动机和来源,它为员工制定了一套有助于实现整体目标的行为规范。当员工认同并接纳这套行为规范时便产生了"想要这样做"的内在动机,也就更有可能在实际工作中表现出符合组织要求的行为,这些行为最终将带来有益于个人绩效和组织绩效的结果。

比如阿里的"六脉神剑"价值观管理系统和华为的劳动态度考核评价都属于这个范畴,当然,这种价值观评价并不是独立存在并发挥作用的,但确实是对绩效评价转向价值评价的有效补充。

总之,人与组织关系的重构驱使人力资源管理体系的演进方向很清楚,就是必须围绕价值创造、价值评价来重构管理模式,重构人力资源管理体系,重构整个组织的经营管理体系,包括理论体系。当我们面对一个平台经济体时,原来所有的战略研究范式可能都会失效,至少会面临很多挑战。因此,我们要从基于职位的人力资源管理走向基于能力的人力资源管理,最终走向基于价值创造与价值评价的人力资本管理。

孙波文库

孙波文库

第十一章 从绩效管理走向人的全面管理

在日益激烈的竞争环境下，决定一个企业命运的最重要的因素就是业绩表现，或称绩效，越来越多的企业将绩效视为企业管理中最核心的环节之一，建立并不断完善绩效管理体系。随着理论研究与实践的推进，已有不少成熟的绩效管理与评价工具被广泛应用在企业的日常管理流程中，并且带来了成效。然而，时至今日，让许多企业百思不得其解的是，这些曾经发挥重要作用的工具，其效果正在不断减弱，在组织中越来越难调动员工发挥出卓越的工作水平，进而导致企业的管理与发展陷入瓶颈。

如果仔细观察就会发现，无论怎样的组织都存在这几类员工：业绩突出又能配合管理的"得力"员工，能力强但很难指挥的"傲娇"员工，业绩一般但积极主动配合的"听话"员工，以及业务能力不强且不好管理的"落后"员工。企业通过对绩效的管理可以比较轻松地将第一类和最后一类员工区分出来，同时，对待这两类员工的管理策略也是比较明确的，优秀员工依据为企业做出的贡献大小能够得到一定程度的奖励，而不理想的员工会从组织中清除出去，即使在国企中，这部分员工无法被剥离出去，也会被逐渐边缘化，慢慢远离企业经营的核心环节。然而对于中间两类员工来讲，单纯的绩效管理无法为管理者的决策提供更多有用的信息。

在许多组织中，对绩效的管理还只停留在对绩效结果的管理上，对

于员工是否有能力工作、是否愿意工作了解甚少，这使得管理者只能寄希望于奖罚手段给员工带来的"刺激"与"震动"，却并不能对症下药地真正帮助员工改善绩效表现。这也导致许多员工认为绩效评估结果并不公平，因为它不能真实地反映他们在工作中的付出和努力。

在另一些企业中，管理者们发现导致员工无法发挥出优秀的工作水平的原因是缺乏岗位要求的知识和技术，而单一的绩效评估工具无法弥补这个缺陷，因此这些企业加强了对员工的能力培训，确保走上岗位的人能够满足工作的需要。这样做确实能够明显提升员工的总体水平，进而对个人绩效和组织绩效产生积极的影响，但它总是只对一部分员工有效。有些员工自身已经具备良好的能力和素质，却依然不能产生令人满意的业绩成果。

导致企业面临这种状况的原因正是管理者对人的关注还不够。随着知识和技术的快速发展、变迁，将人视为完成工作的工具的时代正在慢慢远去，稳定的岗位和工作设置已经不能满足企业迎合外界变化的需求，而人在应对变化时表现出来的创造性和灵活性使其逐渐成为企业活动的核心，以人带动发展才是帮助企业突破绩效瓶颈的关键路径。绩效管理作为一种针对工作和工作结果的管理手段，恰恰缺失了对人自身的关注，因此无法产生令企业和管理者满意的管理效果。

由此可见，在人与组织关系重构的趋势和背景下，仅仅通过绩效管理显然无法有效保证组织目标的实现和对核心人才的吸引、保留、激励，企业必须从绩效管理走向对"人"的全面管理。

第一节　人的全面管理的提出

心理学研究普遍认为，工作结果来源于工作行为，一个工作行为的产生主要会受到两个因素的影响：个人特质和外部环境。个人特质代表的是行为主体的知识、技能、性格特征、动机等因素，外部环境则代表行为主体所处的自然环境和社会环境。人通过将外部环境的要求和内在动机相结合，根据自身的能力状况，采取某一种工作行为，并为随之带来的工作结果负责。如果要实现对人的全面管理，就需要抛弃只针对工作结果的单一模式，为绩效产生过程中的每个因素分别建立具有针对性的管理体系，利用至少包括胜任力评价、价值观评价和绩效评价三维度的复合型模式对个人特质、外部环境和绩效实行全方位的管理。

一、复合型模式三因素的发展现状

从企业的实践情况来看，绩效、个人特质和外部环境三因素的发展程度并不均衡。绩效管理是复合型模式中发展得最为成熟和健全的体系，它不仅被广泛运用到企业的经营管理活动中，而且关于绩效管理的方法与工具也相对完善。至于个人特质，很多企业已经意识到了该因素，特别是其中的能力因素与工作绩效之间的关系，因此通过培训机制、激励机制、目标管理机制等的完善来实现对员工知识、技术、能力甚至工作动机的管理，也积累了不少成熟的经验。与这两个因素相比，环境因素的发展却远远不够。外部环境包括了自然环境、家庭环境、社会经济环境、劳动市场环境等，但与员工工作行为产生最直接联系的就是其所处的组织环境。一个组织的文化氛围、价值导向、战略决策、结构流程等对生活在其中的成员的工作表现有着巨大的影响。随着"80后""90后"逐渐成为劳动市场中的主角，就业与离职的趋势正在悄然发生变化，薪酬已不再是决定去留的唯一条件，更多人开始关注自己与企业是否"三观相符"，是否能在组织中实现个人价值。企业在管理中也经常会遇到，业务能力突出的员工却不努力，一般的物质激励无法达到明显的效果，在深入了解后发现问题常常出在他们不认同所处的组织环境，或者说他们的个人追求、价值观与组织所倡导的产生了不一致。这种不认同和不一致导致员工认为,组织无法满足个人的内在需要,组织目标的实现也不能体现真正的自我价值。因此,这类员工有的在组织中碌碌无为,有的选择离开,无论哪种做法,对组织的人力资源都是一种损失。之所以造成这种损失,有时是因为个人意志与组织环境确实存在比较大的差异,但更多情况下,是因为企业与员工之间缺乏相关的沟通与管理渠道。许多企业从来没有向员工明确阐述过企业倡导什么、反对什么,也从来不在这方面对员工提出明确的要求。因此,当误解产生时,员工不知与谁沟通,管理者也无法提供有效的指导,最终使企业失去原本可以留住的人才。由此可见,对组织环境的管理正在成为企业吸引、保留、激励人才的重要手段,针对组织环境的管理势在必行。

二、针对文化价值观的环境管理

组织环境对员工的工作行为有着重要的影响,而管理组织环境的有效途径之一就是培养与引导员工在个人价值观与组织价值观之间建立联系,通过文化氛围和价值导向在组织与员工之间建立和谐的关系,让员工在为组织绩效做出贡献的同时实现个人价值。

(一) 组织文化与价值观的起源与定义

虽然"组织文化"在最近几年才被频繁提及,但管理学家和社会学家们对这个领域的关注可以追溯到20世纪40年代。他们在研究与实践中发现,传统的组织模型大多强调结构、工作、技术和人才,却不能很好地解释组织目标与绩效表现、战略决策与执行结果之间的差距;文化作为一个对组织绩效有潜在影响的重要因素,长久以来一直被忽略。直到70年代中期,日本迅速崛起,日本企业在美国市场取得了极大的成功,这不仅让饱受石油危机之苦的美国企业感受到了挑战,也进一步激发了管理学界对文化研究的热情。1979年,佩蒂格鲁(Pettigrew)在他的文章《关于组织文化的研究》(On Studying Organizational Culture)中第一次正式提出了"组织文化"的概念。在这之后,关于组织文化和价值观的研究成为管理学界一支重要的流派,诞生了许多对文化研究产生深远影响的理论和模型。

关于组织文化的定义,有许多不同的说法,基尔曼(Kilmann)认为,组织文化是使组织成员联结在一起的企业共同的价值观、意识形态、信念、假设、期望、态度与行为规范;乌塔尔(Uttal)认为,组织文化是一个共享的价值观与信念体系,它与组织结构、组织成员和控制体系一同规定了企业的行为规范;德什潘德与韦伯斯特(Deshpande & Wesbter)将组织文化定义为帮助个体了解组织功能和行为规范的共同的价值观与信念的模式。尽管这些定义的具体内容各不相同,但都具备一个共同点,即组织文化是一个企业做事的方法,而价值观是组织文化的核心。组织的价值观是企业管理者和所有员工共同追求的理想,它定义了组织的目标和为实现目标应该遵循的行为规范,是企业文化的最重要的部分。

(二)为什么从价值观入手

组织文化领域的开创者埃德加·沙因曾经提出一个著名的理论模型,可以解释许多企业管理失败的原因。沙因将组织文化分为由浅至深三个层级。最表层的文化被称为"表象",指的是组织中可听、可见的行为模式,如组织结构、流程等;中间层为"价值观",指的是更深层次的组织意识;最底层为"基本假设",指的是与外部环境紧密相关的无意识的信念、思维习惯、人性等,它是价值观与表象的根源。沙因认为,随着层次的不断加深,其对组织表现出的行为和行为结果的影响就越深远,改变的难度也就越大。当企业在遇到行为或绩效问题时,首先想到的就是从现有的流程、制度或管理机制上找原因,但这种方法往往"治标不治本"。监督和改善"表象"层面的管理活动或许能够在短期内看到成效,

但企业很快就会发现,员工的行为和绩效表现会随着时间的推移回到改善以前的样子,甚至出现新的问题。因此,对组织内不良行为的矫正必须触及"表象"以下的深层次因素。

根据沙因的模型,"基本假设"是一切组织行为的根源,从理论上讲,对它进行改造才是"既治标又治本"的方法,但是企业在实践中还必须考虑管理成本。"基本假设"是一定时期内社会文化、风俗习惯、道德伦理和人性的产物,受到某个企业或个人影响的可能性很小,因此改造的难度非常大,管理性价比不高。只有位于模型中层的"价值观",才能从相对根本性的层面解决问题,在改造难度适中的情况下还能够满足企业管理成本的要求,因此是环境管理的理想切入点。

(三) 管理与评价价值观的意义

价值观的管理与评价不仅有助于企业进行自我检查和自我反思,而且能够对个人与组织绩效的改进提升产生积极影响。首先,它是企业自检的有效工具。从组织层面的角度,价值观管理让企业能够看清组织是否"知行合一",即"表象"与"价值观"是否保持一致。有的企业认为客户对产品不满意的原因是销售人员能力水平不足,虽然加强了相关的培训,依然没有让业绩好起来。通过对价值观的梳理发现,企业倡导"以客户为中心",但在工作流程中既没有对消费者需求的调研,也不提供完善的售后跟踪服务,导致销售人员根本不了解用户习惯,也无法满足消费者提出的要求,这就是典型的"知行不合一",价值观无法通过具体的工作流程发挥应有的作用,只能沦为一句贴在墙上的口号。由此可见,销售人员的素质水平可能并不是问题产生的根源,此时对价值观和工作流程的梳理有助于企业准确定位根本性问题。从个人层面来说,定期进行员工的价值观评价能够帮助企业辨别个体行为是否符合组织要求。因为组织行为是通过个体行为体现的,如果个体表现出违背组织价值观的行为,那也将阻碍组织目标的实现。对员工价值观进行评价,考察个人

第十一章 从绩效管理走向人的全面管理

与组织价值观的匹配程度,能够让企业了解员工的工作行为是否偏离了组织的预期,从而为行为矫正提供有针对性的信息。

其次,价值观管理是改善个人与组织绩效表现的工具。一个企业的战略决策、组织形态、管理体系、规章制度都是围绕着实现组织目标展开的,文化价值观作为组织目标的指导方向,是企业管理中的核心环节。虽然企业的软实力无法直接做出物质上的贡献,但几乎所有的管理活动和工作行为都受到它的牵引和影响。许多研究都致力于挖掘文化价值观对组织和个人绩效的影响。例如,丹尼斯在他的关于文化与绩效的研究中发现,鼓励员工积极参与组织活动的企业更有可能取得令人满意的业绩表现;再如,科特和赫斯克特(Kotter & Heskett)对207个企业进行了为期5年的研究,发现那些在价值观中倡导适应外部环境、接纳变革的企业更有可能取得长期性的突出业绩。从内在机制上说,价值观主要通过改变个体的行为模式而对绩效结果产生影响。沙因的理论模型表明,价值观是行为的深层动机和来源,它为员工制定了一套有助于实现整体目标的行为规范。当员工认同并接纳这套行为规范时便产生了"想要这样做"的内在动机,也就更有可能在实际工作中表现出符合组织要求的行为,这些行为最终将带来有益于个人和组织绩效的结果。

综上所述,人的全面管理要求企业建立一个复合型的管理模式,这个模式不仅包括对工作绩效的管理体系和对员工个人能力的激发与改进体系(如培训体系等),还包括对外部环境,特别是组织环境的监督与评价体系。虽然企业对绩效与能力的管理已日趋成熟,但在环境管理方面尚处于起步阶段,需要被投入更多的关注。价值观作为组织文化的重要组成部分,是企业进行环境管理的最佳切入点,通过价值观的管理与评价,不仅有助于企业加深对内部组织环境的了解,而且对组织与个人绩效的改善具有积极的意义。

第二节 用评估实现对价值观的有效管理

当企业了解到价值观的重要性后,如何实现对价值观的有效管理,如何让组织成员认可价值观,并朝着组织引导的方向努力就变成企业关注的重点。一种有效的做法是,对员工践行组织价值观的过程进行监督指导,对员工的价值观认同感和价值观行为进行考核,价值观评估就是这样一种对员工价值观行为进行管理的手段。

虽然目前还没有发展出一套较为统一和成熟的价值观评估方法,但很多国内外企业已经开始尝试将这种管理手段纳入日常管理流程中,并且积累了很多宝贵的经验。我们通过对这些经验的剖析发现了想要实施一个成功的价值观评估所应具备的几点因素。

第一,成功实施价值观评估的企业均使用客观行为而不是主观描述对价值观进行界定。将价值观行为化和具体化非常重要,因为这对保证评价结果的客观性与公正性起着关键作用。价值观是非常抽象的概念,每个人由于工作内容、职位高低等方面的差异对价值观的解读具有极强的主观性,如果不采用明确的行为标准作为引导,容易导致员工依据上级喜好行事,造成价值观实践过程的混乱。此外,行为标准的缺失还有可能导致不同评分者的衡量标准之间产生矛盾,即使是同一评分者,其评判标准也有可能随时间与环境的变化而发生改变,这将使得评价结果的可信度大大降低。在本章的附录,我们列举了美国通用电气公司部分价值观行为指标,帮助企业直观地了解价值观行为化的具体表现。

第二,成功实施价值观评估的企业使用的评价方式是非常类似的,一般是自评或他评,并辅以事实说明。价值观评估通常采用问卷的形式,包含对每条价值观行为的具体描述,评分范围常控制在1~5分,代表着从不满意到超出预期。例如,阿里巴巴集团的考核内容由6个核心价值观构成,每个价值观分别对应5条行为标准,依照分值高低从1分到5分依次排列。在评分时采用"通关制",每一条价值观都必须从1分档的行为标准开始逐条评定,只有当被评价者达到了1分档所对应的行为标准后,才能进入下一个分档的评定。考核采用自评和上级评价相结合的方式,员工首先进行自评,再由其上级领导进行他评。再如,美国通用电气公司的价值观评估主要考察员工对公司倡导的10条价值观的认同感和实践情况,每一条价值观都附有详细的标准,用来界定该条价值观所对应的具体行为。考核采用360度评价的方式,让被评价者的上级、下属、同事甚至客户为该评价者的表现打分。除了评分以外,举证也是价值观评估的重要环节。通常,评价者需要列举被评价者的具体行为或事例为自己的打分理由进行说明,这不仅有利于保证评价结果的客观性,同时也为日后的改进计划提供了事实依据。

第三,成功实施价值观评估的企业都会与员工进行充分的沟通。这种沟通既包括评估前对价值观的宣传,又包括评估后对结果的反馈。评估前沟通的目的在于不断强化员工对组织价值观的认识,建立统一的行为导向,并且将思维层面的意识转化为具体的工作行动。这样在评估时,员工已经对评估内容有了充分的了解,不会因为理解上的偏差导致不理想的结果。评估后沟通的目的则是帮助员工提升和改善工作行为,朝着组织提倡的方向和方式正确地工作。

第四,保证价值观评估与业绩评估相互独立、互不影响。保证两套评价体系的独立性十分必要。因为价值观用来评估员工是否身体力行地表现出组织需要的行为,而业绩是来衡量员工为组织目标的实现做出的贡献大小,两套体系扮演的角色不同、承担的职责不同,其评价结果对员工的薪酬、培训、晋升应当有着同等重要的作用。如果对价值观的衡量建立在业绩成果的基础上,让业绩突出但价值观不过关的员工免受惩罚,会为员工带来错误的导向,认为业绩比价值观更重要,从而造成评价

体系的整体失衡。

第三节 价值观评估与胜任力评估的差别

个人特质和外部环境是复合型管理模式当中两个重要的因素,对其的管理一般是通过胜任力评估和价值观评估来实现的。然而一些企业在实践中经常在胜任力评估与价值观评估之间发生混淆,尤其是价值观评估中,企业常常容易把价值观描述成某种能力。这种误用也使得企业对两者的差异产生怀疑:价值观评估与胜任力评估在本质上是不是同一件事?这两种管理手段并用是否有重复评价的可能?

一、胜任力评估

胜任力的概念最早由美国哈佛大学著名的心理学家大卫·麦克利兰教授在 1973 年提出。当年,智力测试被广泛应用于学校教育和企业的招聘中,其结果被用来预测一个人在未来的学业和事业上能否取得成功。然而,麦克利兰通过对相关资料的收集和研究发现,这种做法的理论依据并不充足,智力和天赋并不是预测一个人能否成功的可靠因素,那些传统的入职考试也不是预测工作表现的有效方法。他提出,一个人能否有良好的工作表现受到胜任力的影响。所谓胜任力,就是保证这个人在某一个工作岗位、角色或环境中能够拥有出众的工作表现的基础性特质。

胜任力包含许多因素,这些因素根据层级排列,构成了"冰山模型"。处于冰山最顶层的是"知识与技能"因素,它代表一个人能够做什么;在这一层级下面是"社会角色与自我形象",代表一个人的价值观、对扮演的社会角色的认知以及对自我的认知;处于冰山最底层的是"特质与动机",代表一个人的性格、人格以及潜意识的想法与偏好。这些胜任力因素对行为的影响程度,以及培养与改变这些因素的难度随着层级的下移而递增,知识与技能就好像是外露于水面之上的冰山,显而易见,并且非常容易通过培训来获取和提升,这类因素对于工作表现好坏的影响是非常有限的,当岗位的复杂性到达一定程度后,知识与技能便不再是区分优秀员工与一般员工的必要因素了。而最底层的特质与动机对行为有最本质和最深远的影响,但也很难在短时期内被快速改造。

关于胜任力的评估,麦克利兰提出了几点建议。第一,要通过对优秀员工的观察和沟通寻找某一岗位的胜任力因素;第二,评估应该能够反映个体通过学习或培训而产生的变化;第三,应该告诉员工提升胜任力的途径,并且鼓励他们去做;第四,虽然不同岗位都有其特殊的要求,但胜任力中应当包括一些广义上通用的因素,如沟通能力;第五,胜任力评估中描述的行为应当包含在日常情境中发生的操作性行为,而不仅仅是在某一假设情境中人们会做的行为。

虽然麦克利兰的理论引发了关于胜任力的诸多讨论,也有很多学者提出了质疑和截然不同的观点,但时至今日,麦克利兰对胜任力的定义以及"冰山模型"仍然是企业在使用胜任力或素质能力测评时最重要的理论依据来源。

二、价值观评估与胜任力评估的差异

胜任力与价值观的评估确实存在相似之处,两者都是通过具体行为来界定的,因此在设计评估内容时很容易混为一谈。但是笔者认为,两者存在着本质的差异,因此不能将两者归为一类,也不能简单地用一种手段取代另一种。

首先,两者的设计立足点存在差异,胜任力评估基于业绩,价值观评估基于组织文化。从定义不难看出,胜任力指的是预测高绩效行为的特质,其目的是通过对表现优秀的员工的工作过程进行分析,寻找有助于高效完成工作的因素,并且将这些因素作为衡量未来员工是否有潜力表现出高绩效行为的标准。因此,胜任力评估是一个能力测试,是为了判断员工是否具备高绩效所要求的能力,或者是否具备实现高绩效的潜力。价值观评估立足于企业文化,旨在判断员工是否认同组织的理想和愿景并愿意为之付出努力,因此,它类似于员工-组织价值观匹配(P-O Fit)测试,员工对组织价值观的认同感才是这一类评估关注的重点。不同于胜任力能够预测高绩效行为,对价值观的认同程度并不能对高绩效产生直接作用,但它确实能够对员工的态度、动机、行为等产生影响,进而导致有利或不利于高绩效的行为。

其次,在同一个组织内部,不同业务单元、不同岗位之间对胜任力的要求差异非常明显。虽然胜任力中包括了一些各岗位、各层级员工通用的工作能力,但在理论上,没有哪两类不同的岗位或层级可以共用一套完全相同的胜任力模型。与此相反,同一组织中的价值观应当被所有成员共享。虽然价值观的具体表现行为会因岗位和层级的差异而有所不同,但其本质上指向的是同一套体系,其终极目标是使所有组织成员在价值观上达成共识,避免明显的矛盾与冲突。

最后,胜任力与价值观评估在企业管理中的应用领域也不尽相同。在大多数企业中,胜任力评估通常被应用在新员工招聘和人才选拔上,它能够使企业快速识别适合某一岗位的人才,减少因选人不当而为个人和组织绩效带来的消极影响。此外,胜任力评估还能够为培训提供更有针对性的指导,帮助管理者准确定位需要培训的群体和培训方向。价值观评估同样能够应用于人才选拔,确保组织内核心成员始终抱有与企业相一致的理想和目标。不仅如此,价值观评估结果的另一项重要用途是,判断员工是否能够长期地、持续不断地为组织服务。企业总是希望将最核心的人才长期保留在组织中,让他们持续不断地为组织作出贡献,作为回报,他们也将长期分享企业的收益所得。因此,企业在进行长期激励时不仅要选择绩效表现突出的员工,还要考虑谁能够与组织一起长期地走下去,此时,价值观的一致性便可成为衡量的标准之一。员工与企业的关系可以划分为利益共同体、事业共同体和命运共同体三类。处于利益共同体中的员工将工作视为养家糊口的手段,看重"劳有所得",这类员工容易被短期利益(如奖金)驱动,但是当物质回报无法达到预期时,他们往往是最容易脱离组织的群体;处于事业共同体中的员工以实现职业抱负为奋斗目标,他们或许不会因为暂时性的低物质回报而选择离开,但是当他们认为组织不能再为实现个人理想提供更多助益时,也不会因为丰厚的物质奖励而留下;处于命运共同体中的员工将企业的兴衰成败当作自己的使命,这类员工与企业文化和价值观高度契合,当组织陷入困境时,他们会不计个人得失地出谋划策,当组织日益壮大时,他们也会由衷感到自豪。前两类共同体无法与组织价值观达成长期和稳定的一致,导致他们成为随时会脱离组织的风险因子,而命运共同体通过趋同的价值观与组织联结在一起,成为推动组织成长与发展的核心力量,也应当成为长期激励的重点对象。

第四节 复合型模式的综合应用

通过前文的论述可以看出,个人特质、外部环境与工作结果是绩效生产过程中的三个主要因素,它们共同构建了复合型管理模式的框架体系。通常情况下,对个人特质的管理主要依靠胜任力评估来实现,对外部环境的管理主要依靠价值观评估来实现,对工作结果的管理主要依靠绩效评估来实现。在复合型管理模式下,这三种评估结果分别有其相应

的应用领域。

一、胜任力评估结果的应用

从胜任力模型的发展过程可以看出，它主要应用在企业招聘、选拔和培训人才的环节。胜任力评估结果反映了一个人在能力、特质、动机等方面的综合情况，企业可以据此筛选出那些最有可能在未来取得成功、为企业做出贡献的人才，并配置相应的资源对他们加以培养，帮助他们成长为企业的中流砥柱。

另外，一些企业还将胜任力评估作为绩效考核的一部分，其结果会影响员工的薪酬水平与奖金分配。笔者认为，当胜任力评估中包含诸如人格特质等较深层次并且不易改变的因素时，它就不适合在这种情境中使用。企业如果希望物质奖励充分发挥激励作用，就必须将之与可改变、易改变的因素相连，因为只有员工明确了解改善短板的途径，并且相信通过努力能够在一定时期内取得他们期望的效果，才有不断提升自我的意愿；如果员工意识到付出的努力与收效不成比例，就会失去前进的动力。人格特质等因素是在一个人的成长过程中逐渐形成并不断强化的，它与个人的家庭环境、成长背景、地域文化等有着非常紧密的联系，是极难在短期内加以改造的，因此用这类因素来决定物质奖励的分配是不合适的，不仅无法取得期望的效果，而且容易引导出截然相反的行为。

二、价值观评估结果的应用

价值观评估结果具有非常广泛的应用范围。

第一，它可以与绩效评估结果相结合，共同应用于薪酬、奖金和股权等长短期物质激励的分配上，这也是价值观评估在企业中最常见的使用方法之一。例如，在阿里巴巴，价值观评估结果被分为四个等级：优秀

(27~30 分)，良好(23~26 分)，合格(19~22 分)以及不合格(0~18 分)。总分被判定为不合格，或者任意一项价值观的得分在 1 分以下的员工将无法参与当年的绩效考核和奖金分配；对高管团队来说，如果价值观评价不合格，也将取消当年的奖金分配资格。

第二，价值观评估结果可以应用于人员的招聘过程。在新员工招聘过程中加入价值观的评估可以在源头上将选人不当对组织产生的消极影响降到最低，保证加入企业的新成员在思想层面与组织保持一致，降低管理成本。例如，宝洁公司专门为面试者设计了一套成功驱动力问卷，共 67 道题目，分别从团队合作、领导力、价值观等方面对候选人进行考察。在宝洁公司的招聘流程中，候选人首先需要在网申环节接受成功驱动力评估，只有结果合格的候选人才能进入面试环节，参加进一步的筛选。

第三，价值观评估结果还可以应用于后备人才的选拔以及职位晋升。通过对价值观评估结果的分析，挑选出在思想、态度、动机等方面最符合组织需求的核心人才作为培训和晋升的对象。例如，通用电气公司每年将员工价值观与业绩评估的结果作为来年培训计划和晋升计划的依据。这两个评估结果将员工划分为三类：处于前 20% 表现突出的 A 类员工和管理者不仅是股权激励的重点对象，而且会在未来的工作中被委以重任，获得承担挑战性工作的机会并接受相应的能力培训，同时通用公司规定，后备管理者只能从这一类员工中挑选；表现处在中间阶段的 B 类员工和管理者将获得留用观察的机会，通过培训、换岗等方式进一步考察是否具备提升的可能性；在两类评估中均属于后 10% 的 C 类员工和管理者将不得不面临被解聘与解雇的局面。再如，华为为员工建立了诚信档案，对每个人的信用情况，特别是品德，进行长期跟踪。在干部选拔时，品德具有一票否决权，在诚信档案里有不良记录的人才无法参与后备干部的选拔。在品德端正的基础上，参与选拔的人才不仅要是

业绩排名前 20%～30% 的员工,而且还必须在上年度的劳动态度考核中取得 A 或 B 的成绩,否则也将失去选拔资格。

三、绩效评估结果的应用

绩效评估结果在企业管理过程中应用的范围最广,也最为企业所熟悉。由于它能够最直观地反映一个人为企业做出的贡献大小,因此大部分管理活动都与绩效评估结果相关联。绩效评估可以对员工的绩效工资水平以及一些单项奖金产生直接的影响;同时它也可以与另两个评估结果相结合,共同对员工的薪酬水平、奖金分配、长期激励计划、职位晋升和职业发展计划、人才选拔与培训、表扬和荣誉称号等产生影响。

四、价值观评估的现状反思与未来展望

虽然有越来越多的企业开始将价值观评估纳入考核的范畴之内,但从目前的实践情况来看,价值观评估还存在着比较明显的局限性,主要表现为静态化和缺乏针对性两点,同时这也应该引起未来管理活动的关注。

首先,价值观评估的内容经常被固化。业绩考核内容应该随着外部环境、战略目标的变化而变化已经成为企业公认的常识,但在面对价值观评估时,企业似乎忘记了这一点,使得价值观评估的内容总是一成不变。有人认为,组织的绩效目标容易受到内、外部环境变化的影响,因此迭代周期较短,每年甚至每季度都会发生变化,进而导致绩效考核内容的变化;而价值观是一个长期的、相对稳定的文化特质,因此考核内容没有必要进行频繁更新。这种说法或许存在一定的合理性,但是笔者认为,企业的价值观内核是相对稳定的,但是其表现形式却会不断发生变化,因此考核评价的内容也应该是动态的。正如前文所述,对价值观进

行评估的关键是将价值观转化成可见的行为,对行为进行考核,而行为很大程度上由行为个体的工作内容、工作环境等因素决定。当外部环境对个体的行为提出新的要求时,价值观考核的具体行为也应该顺应这些要求而有所变化,否则不仅容易造成个体行为的混乱,还容易导致价值观与真实业务环境脱节,从而失去价值观原本应有的导向作用。这正像是一个企业的战略方向在 3~5 年内通常不会发生变化,但是围绕企业战略的业绩目标每年都不同,实现目标的具体措施也应该与快速变化的市场需求相匹配。因此,我们认为,评估内容的周期性变化有利于保持组织价值观的"鲜度",这也应该成为企业未来实践活动中关注的重点之一。

价值观评价活动的第二点局限表现为缺乏针对性。在企业实践中经常发现,无论是研发人员还是销售人员,无论是管理者还是普通员工,都在使用相同的评估标准,导致这一现象的本质原因还是因为没有从行为的角度对价值观进行衡量。在传统的绩效考核中,绩效指标需要根据业务部门的特征、岗位职责的要求进行个性化的设计,这一点在价值观评价中同样适用。我们同样认为,应当根据评价对象对评价内容进行层级划分,这里的层级划分包含了横向和纵向两个方面。横向划分指的是不同业务单元或不同岗位之间考察的价值观行为应该有所区别,这是由业务单元的特征和岗位的工作内容决定的;纵向划分指的是不同层级的管理者之间、管理者与员工之间的价值观行为也应该差别对待,这是由员工与管理者所扮演的角色和承担的职责决定的。在两类划分中,纵向划分的意义更为重要,因为管理干部是企业经营活动的向导和指挥官,他们的行为表现会成为标杆,影响所带领团队中的普通成员,因此在评价过程中应当对管理干部提出更高层次的要求,建立更严格的标准。

附录：通用电气公司部分价值观行为指标

价值观	行为标准
远景	● 能够为所在组织规划并传达一个清晰、简洁、关注客户的远景方向 ● 在适当的时候调整远景，以反映对业务产生影响的、持续的、加速的变化 ● ……
关注客户 质量	● 倾听客户需求，将客户满意度赋予最高优先级 ● 力争在所有提供的产品和服务中满足对质量的承诺 ● 在整个组织中建立服务意识 ● ……
正直	● 敢于承担责任，为自己的错误负责 ● 完全顺应、遵守公司政策中的伦理义务 ● ……
责任 承诺	● 为实现业务目标，设置进取性的承诺并且承担相应的责任 ● 在做艰难的决定时，依然保持公正和同情心 ● ……
沟通能力 影响力	● 以开放、坦诚、清晰、前后一致的方式进行沟通，允许他人存在异议 ● 运用事实和理性的讨论来影响和说服他人 ● 打破界限，培养跨团队、跨职能、跨层级的有影响力的关系 ● ……
共享 无边界	● 自信，能够跨越传统上的边界与他人共享信息，对新想法持开放的心态 ● 信任他人，鼓励无边界行为 ● ……
全球化 思维	● 显示全球化意识和敏感性，乐于建设多样化团队 ● 重视并且充分利用多元化和全球化的劳动力 ● 考虑每个决定对全球的影响，积极学习全球化知识 ● ……

孙波文库

孙 波 文 库

第十二章　目标与关键成果法

随着经济的飞速发展,企业时刻面临着多变的外部环境和来自技术、人才等各方面的挑战,人力资源管理越来越成为企业管理系统中最为重要的部分,而这其中,绩效管理的科学性与有效性成为决定个人与组织表现最关键的因素之一。传统的绩效管理方法由于不适应快速变化的环境暴露出越来越大的局限性,因此企业亟须寻找一种全新的工具帮助提升个人与组织的绩效表现。目标与关键成果法简称 OKR,是一套帮助企业、团队与个人明确发展目标、跟踪工作进展的管理工具。它由英特尔公司发明,在谷歌等公司发展成熟,已成为当今企业进行目标与绩效管理的一种新的尝试。OKR 诞生时间并不长,从被发明至今只有不到 20 年,它真正被大众所认识更是在 2013 年以后,这使得外界对这种方法充满好奇。国内企业接触 OKR 的时间更短,因此在实操前更加有必要对这一方法做深入的了解。

第一节　OKR 的起源与发展

OKR 的起源最早可以追溯到德鲁克的目标管理理论,其核心思想是倡导由命令驱动式管理向目标驱动式管理的转变。在这种思想的影响下,1999 年,英特尔公司的时任总裁安迪·格鲁夫提出了高产出管理

的概念,它也成为 OKR 最初的模型。随着谷歌投资人约翰·杜尔将这种管理理念带入谷歌,经过多年实践与打磨,OKR 逐渐成型,并且随着谷歌影响力的扩大,这一方法迅速在硅谷乃至全世界传播开来。如今 OKR 已经成为许多企业最重要的目标与绩效管理工具。

一、德鲁克的目标管理理论

1954 年,彼得·德鲁克出版了《管理的实践》一书,在书中他讲到了三个石匠的故事。有人让三个石匠描述一下自己的工作,第一个石匠说自己是在养家糊口,第二个石匠说自己在做全国最好的石匠活,而第三个石匠说自己在建造一座大教堂。很多人都认为,第三个石匠最具有成为管理者的潜质,第一个石匠则很可能一辈子只是一个石匠,而对于第二个石匠,大家往往判断模糊。于是德鲁克把关注的焦点放在了第二个石匠身上,他认为大多数管理者恰恰都像第二个石匠一样,致力于成为自己所在领域的专业人士,追求技艺的精湛,并且用这样的标准去衡量和评估他们的下属。这并非是坏事,但在真实的企业运作中却常常发现,管理者过度关注自己的专业水平,却忘记这只是帮助企业实现终极目标的手段。这为企业埋下了深深的隐患:各部门为了扩大势力而各自为政,使组织变得异常松散;同时,相互独立的部门只能从自己的专业角度片面审视企业的问题,无法与其他部门形成良好的共识与沟通,更谈不上配合协作。

为了解决上述问题,德鲁克提出了目标管理理论。他指出,"高效能的企业管理必须将所有人的愿景和努力导入一致的方向,管理者必须在正确的方向上投入最大的心力,一方面他们要发挥最高的专业水准,另一方面则要把高超的专业技能当作达到企业目标的手段,而不是把高标准本身当作努力的目标"。这一理论的核心是,所有工作都应该为实现企业期望达到的绩效目标做出贡献。为此,每一个管理者都必须清楚地了解企业的目标是什么,以及自己所负责的业务板块能够为企业做出怎样的贡献。

在实施目标管理的时候,必须做到以下几点:

(1) 目标的产生是高层管理者与基层管理者共同讨论的结果,而不是单方面的意愿;

(2) 用自我管理的方式来评估个人的绩效;

(3) 绩效评估方式必须与目标相关,且是简单合理、易于衡量的。

德鲁克希望通过目标管理,让每个人都能充分发挥特长,促进团队合作,向着共同的愿景努力,这一理论也成为 OKR 的雏形。

二、英特尔的高产出管理理念

德鲁克的目标管理理论在学术与实践领域都引起了巨大的反响,许多企业纷纷借鉴这种管理方法。这其中,英特尔公司提供了一个非常经典的范例,同时也为 OKR 在日后的发展奠定了重要的基础。

时任英特尔总裁的安迪·格鲁夫一直对德鲁克的理论非常感兴趣,当时正值英特尔从存储卡制造商向全球微处理器供应商转型的重要时期,他意识到目标管理能够为企业带来诸多益处,于是开始将其用于企业管理中。格鲁夫在目标管理理论的基础上改进出了高产出管理,主要强调以下 4 个方面。

(1) 聚焦于少数几个最重要的目标。格鲁夫提出了管理杠杆率的概念,也就是各单项管理活动所带来的产出,在投入相同的情况下,有较高产出的管理活动就拥有较高的杠杆率。人的精力是有限的,因此管理者必须了解哪些活动具有最高的杠杆率,把精力放在最能促进组织产出的活动上。

(2) 目标的设定应该是自上而下和自下而上的双向互动过程。与德鲁克的主张相同,格鲁夫认为鼓励员工积极参与比强制委派任务更能

激发工作动机,因此他十分注重培养员工的自我管理能力。

(3) 提高目标设定的频率。大多数企业习惯以年度为单位设计目标,这样的频率有时并不能有效反应外部市场和消费者需求的变化,因此企业需要更加灵活的目标设计方法。以季度甚至月度为周期,在一年内多次设定目标有利于企业更加快速地响应外部的变化。

(4) 目标应该具有挑战性。虽然设置一个具有挑战性的目标意味着有失败的可能,但当所有人都朝着更高层次的目标努力时,往往会取得令人惊喜的结果。同时,为了让员工愿意设置更高的目标,不应该用正式的绩效评估去衡量员工在这些目标上取得的成果,而应该将这种方法视为提高工作效率的手段。

三、谷歌的 OKR 模型

格鲁夫不仅是一位杰出的企业家,他在任期间还十分热心于培养人才,将自己的管理理念传授给英特尔一批又一批的管理者,约翰·杜尔就是其中之一。他在英特尔工作时接受了格鲁夫的管理培训,当他加入谷歌时,便将这套管理理念推荐给了谷歌的两位创始人——拉里·佩奇和谢尔盖·布林,并获得了两人极大的支持。此后,这套管理理念在谷歌不断完善,逐渐形成了如今的 OKR 模型。在这个模型中,谷歌将 OKR 划分为 4 个层级,由上至下依次是:

- 公司层级 OKR,阐述的是企业的核心和预期;
- 部门层级 OKR,描述的是各个业务单元的预期;
- 团队层级 OKR,描述的是团队的目标和预期;
- 个人层级 OKR,是员工的工作目标和预期达到的关键结果。

每一层级的 OKR 都是在上一个层级的基础上形成的,最终所有的 OKR 都与企业战略和总体目标对齐,有效保证了组织内部所有成员都聚焦在一致的方向上。

OKR是谷歌最重要的绩效管理工具之一,但此前这种管理方法并不为其他企业熟知,直到2013年,谷歌风投的合作伙伴瑞克·克劳公开了一个关于OKR的培训视频,才让大家开始关注和了解OKR。此后,OKR被脸书、推特等知名公司引入,逐渐在硅谷盛行起来,并在近几年间迅速推广至世界各地。如今,已有数以千计的企业正在使用OKR对组织与个人绩效进行管理。

第二节 KPI与OKR的关系

在绩效管理过程中,KPI当属被应用得最为普遍的工具之一,它已经成为许多企业最重要的管理手段。然而,随着OKR的兴起和推广,绩效管理被赋予了新的思路,在谷歌和西尔斯这样的企业中,OKR已经逐渐取代了KPI。这一现象的出现使得大家不禁思考,OKR与KPI到底有什么区别?想要回答这个问题,首先应该了解KPI和OKR是什么。

KPI(Key Performance Indicators),中文翻译为"关键绩效指标",它指的是企业的宏观战略目标经过层层分解而产生的可操作的战术目标。关键绩效指标反映了企业在一定时间内的经营重点,通过关键指标的牵引,强化组织在关键绩效领域的资源配置与能力,使全体成员的行为能够聚焦在成功的关键行为和经营重点上。

OKR(Objectives and Key Results),中文翻译为"目标与关键结果"。在《OKR:源于英特尔和谷歌的目标管理利器》(OKR: Driving Focus, Alignment and Engagement with OKRs)一书中,尼文和拉莫尔特(Niven & Lamorte)将OKR定义为"一种批判性思维框架和持续性练习,它可以使员工相互协作、集中精力,推动企业不断前进"。另一种

更为普遍的定义将OKR视为一种"设计与沟通企业、团队及个人目标，并且评估在这些目标上取得的工作成果的方法与工具"。OKR的核心是帮助企业找到对其发展最关键的方向，并且保持专注，通过集中优势资源，在最重要的地方取得突破。从名称上看，OKR由两部分组成，目标（O）和关键结果（KR）。

● 目标，是对企业将在预期的方向取得的成果的描述，它主要回答的是"我们希望做什么"的问题。好的目标应该能够引起所有团队成员的共鸣，并且是对现有能力的最大限度的挑战。

● 关键结果，是衡量既定目标成果的定量描述，它主要回答的是"我们如何知晓实现了目标"的问题。好的关键结果是对抽象目标的量化。

从定义中不难看出，KPI与OKR是存在共同点的。它们关注的都是企业的关键绩效目标，都强调通过对关键绩效目标的聚焦，引导组织成员做出高效的绩效行为，最终实现期望的绩效结果。但是两者又具有本质的差别，主要体现在以下几个方面。

一、设计的立足点不同

KPI具有非常明确的指标，它所追求的就是高效地完成这些指标。KPI是一个评价工作效果的工具，它用定量的指标来衡量战略执行的情况。评价对象对既定目标的完成程度至关重要，因为它决定了企业战略能够起到多大的效果。正是因为KPI追求的是百分之百的完成率，在选择指标时，它关注的是有能力做到同时又必须做到的目标，通过它们引导员工做出企业期望的正确行为，实现企业的战略决策，持续获得高效益回报。

OKR的目标是相对模糊的，它更关注提出极具挑战性和追踪意义的方向。OKR强调通过企业对自身业务、资源和外部市场、竞争对手的分析，找到能够让企业在竞争中制胜的方向，并持续聚焦在这个方向上，寻求突破，因此OKR倾向于在正确的方向上努力，通过激发员工的热情，得到超出预期的结果。相比 KPI 关注有能力完成的指标，衡量 OKR 设计得是否理想的一条重要标准就是目标是否具有挑战性和超越性。OKR 认为极具挑战性的目标意味着必须付出极大的努力，摆脱惯性思维，尝试多种实现目标的解决方法，这不仅有利于对目标的持续关注，而且能够引导高绩效行为。如果组织中的每个成员都为"看似不可能完成"的目标而努力，即使最终目标未能实现，得到的结果也远远好于实现一个常规的目标。

由此可知，KPI 与 OKR 在设计的立足点上存在本质的差别。KPI 侧重于完成明确的目标，而不是超越目标。虽然在某些情况下，企业会出现超额实现目标的突出表现，但这不是必需的，超越的程度也相对有限。而 OKR 致力于指引前进的方向，并且取得突破性的进展。由于目标本身设置得极难实现，因此是否完成它并不是那么重要，通常情况下，完成目标的百分之六七十就足以引导出一个超出预期的结果。

二、设计过程存在差异

KPI 与 OKR 在设计过程中的沟通模式也是不尽相同的。KPI 的设计通常是自上而下委派的，而 OKR 则更加注重上下左右的多维互动。

常用的 KPI 开发方法主要有平衡计分卡和关键成功因素法两种。

平衡计分卡是通过寻找能够驱动战略成功的关键策略要素，设定与关键成功因素具有密切联系的关键绩效指标体系，从财务、客户、内部流程以及学习和成长四个方面来衡量战略实施效果的一种方法。

关键成功因素法是通过对企业关键成功领域的分析，找到企业获得成功的关键因素，据此提炼出导致成功的关键业绩模块，再将关键模块分解为关键要素，并最终将各要素细分为可以量化的关键绩效指标。无论采用哪种方法，它们开发 KPI 的过程都是对企业战略进行层层分解，对要获得优秀的业绩所必需的条件和要实现的目标进行自上而下的定

义。这一过程使 KPI 更多反映的是组织希望个体做出的绩效行为,对于个体能够为企业战略的实现主动做出什么贡献,在具体的指标中体现得并不明显,这导致 KPI 的互动性往往是比较差的。

与此相比,OKR 的设计则是一个多向互动的过程。从德鲁克的目标管理到格鲁夫的高产出管理,再到谷歌的 OKR 模型,始终强调方向的一致性、员工的主动性和跨部门协作,而这三个特征也分别代表了 OKR 在设计过程中的三种沟通模式。

● 方向的一致性。方向的一致性指的是企业及其内部的团队乃至每个个体都应该朝着相同的方向努力,避免内耗。这就要求企业首先明确对自身发展最重要的事务,将之转化为战略目标,团队或业务单元基于企业的战略目标设定各自的团队或业务目标,员工的个人目标则是在所在团队或业务单元的目标基础上制定的。从这个角度讲,方向的一致性要求 OKR 必须自上而下制定,先有企业战略,后有团队和个人目标。

● 员工的主动性。员工的主动性指的是员工应该积极参与目标的设定并且对执行过程进行自我管理。OKR 不应该由上级以委派任务的形式分配,而是由评价对象根据自身价值和能够为企业做出的贡献主动制定,它反映了组织内每个个体对企业的责任感和对自身工作的期望值。因此,员工的主动性使 OKR 充分体现了评价对象的个人意愿,将单独个体的工作与企业战略相联结,实现了由下至上的互动。

● 跨部门协作。随着分工精细化程度不断加剧,单纯依靠某个个体或团队完成工作变得越来越困难,不同职能的部门之间相互配合成为一种工作常态,而决定能否有效协作的前提是合作各方是否能够在目标、职责和工作方法等方面达成共识。OKR 的设计过程要求各团队的目标与关键成果必须获得其他协助团队的认可,因此团队间的沟通交流是必不可少的。它能够帮助各团队明确工作方向,确保所有团队都指向相同的目标;同时划分各团队在工作流程中的职责,形成一种相互协助的合作关系。

三、驱动机制的差异

从驱动机制的角度来讲，KPI 主要通过外在物质因素的激励引导员工的绩效行为，而 OKR 更强调利用员工的自我价值驱动实现绩效目标，因此，两者在行为的动机上是存在差别的。

KPI 的执行一般需要依靠外在激励因素的牵引，这是由它开发过程的特点决定的。KPI 的设计以自上而下的形式为主，这导致它很大程度上反映了企业要求员工实现的工作结果，员工常常处于被动接受的状态，个人意志无法得到体现。在这种情况下，借助外部因素建立一种"契约式"的关系来调动员工的主观能动性是比较常见的做法。通常情况下，企业利用薪酬涨幅和奖金分配等物质因素来引导员工的高绩效行为，而员工通过 KPI 指标的达成获得更高的物质回报。这也就解释了为什么很多情况下 KPI 的考核结果是与薪酬激励体系相挂钩的。但是这种做法的局限性也比较明显。首先，物质激励会增加企业的运营成本，因此组织不会无限度地提高物质激励的水平；其次，激励水平也并不总是与激励效果成正比，有些时候甚至会带来反作用，所以寻找两者之间的平衡点是十分关键的。也正是因为这些局限性的突显，使得许多企业开始寻求更加多元化的激励方式，力图挖掘更深层次的员工内在动机来实现个人绩效表现的持续性改善。

而 OKR 在这一方面显得更具主动性。它主要依靠激发员工自觉自愿的积极行为来达到提升绩效表现的目的。产生这一现象的原因主要有两点。首先，员工的参与程度会影响他们的工作行为。心理学认为，人们更愿意主动与自己参与其中的活动建立联系，投入更多的关注。正如上文所述，OKR 注重员工的参与感。组织成员需要为 OKR 的设计工作进行深入的思考和全方位的沟通，这使得每一个目标与关键成果都承载着个人的努力与心血，因此这更容易激发他们执行 OKR 的热情。

其次，OKR 不仅是企业的愿景，也是员工个人价值的充分体现，实现 OKR 的过程也是实现自我价值的过程。因此，对于有更高追求的员工来讲，OKR 能更加有效地激发他们自我实现的内在动力。

第三节　OKR 的适用性

OKR 起源和兴盛于硅谷，因为谷歌、推特等知名公司的使用而被大家所熟知，虽然如今已推广至全球，但在众多的成功案例中不难发现，使用 OKR 的主要群体依然是互联网公司。这一现象主要是由互联网公司所面临的外部环境、人员结构、工作内容和管理模式决定的。

第一，互联网行业的飞速发展导致外部环境变化极其迅速，以至于企业根本无法看清发展目标的方向。即使确定了目标，也会因为外部的不断变化而不得不频繁调整。处在这种战略探索阶段的企业，资源的分配主要是基于不确定性、特殊需求或是项目的发展程度，因此必须通过迭代、跟踪目标来引领企业的发展。KPI 是实现战略落地的重要管理工具，只有企业的战略定位足够清晰，KPI 才能发挥它的最大效用，这也就解释了为什么 KPI 在产业成熟、竞争环境稳定、战略目标相对明确、岗位职责分明、人员配置相对精准的企业中仍然是一种有效的绩效管理工具。而互联网企业通常无法满足上述条件，因此必须寻找一种全新的管理模式，OKR 在这方面就具有非常明显的优势。它不要求企业必须设定非常明确的目标，只要认清在外部市场取得成功的方向，OKR 就可以通过对目标的跟踪和迭代发挥作用。再者，OKR 的迭代周期相对较短，通常一个季度就会更迭一次，非常有利于企业针对外部变化迅速作出反应和调整，相比之下，KPI 在反应速度和调整难度上都要比 OKR 逊色一筹。

第二，互联网企业是知识型人才聚集的地方。越是优秀的互联网公司就越是汇集了大量高水平的知识型人才。这类员工往往受到过良好的教育，具备优秀的个人素质，相比简单的物质激励，他们更加重视自我价值的实现。同时，这类员工对行业发展趋势的预测和对客户需求的敏感性往往是组织绩效提升的突破口，因此他们的个人绩效表现对于企业的未来发展至关重要。德鲁克认为，要想提升知识型员工的生产力，就必须赋予他们自主权，让他们自己管理自己，这也正是OKR一直倡导的。OKR主张员工的参与和自我管理，因此在设计目标与关键成果的过程中，员工的个人意愿起着关键的作用，只有员工认可并且真正想做的工作才会转化成OKR；同时，员工必须自己管理工作过程，并对OKR的结果负责。这使得OKR主要利用员工的自我价值驱动来实现突破性的工作成果。而KPI更多的是由上至下分配任务，员工对工作内容的自主权和控制权较弱，极易导致知识型人才积极性的减弱。在有的企业中，员工只着眼于KPI要求的工作内容，对不纳入考核但对企业发展同等重要的工作却不闻不问，这无形中削弱了组织发展的潜力，导致企业错失发展机遇。因此，与KPI相比，OKR对于知识型人才是一种比较理想的管理模式。

第三，互联网行业激烈的竞争使得企业必须不断引导新产品与新技术的发育，因此创新是这类企业制胜的关键。互联网企业的员工有相当一部分从事的是创造性工作，这类工作比较灵活，内容抽象，也没有相对固定的流程，因此难以进行工作分解。这就为KPI的设定带来了极大的困难。同时，明确的关键绩效指标容易限制员工的想象力，不利于激发灵感。而OKR只在方向上为员工提供指引，具体操作过程由员工自我管理，员工可以根据自身情况决定工作内容和工作方式，为创造性和想象力提供了更大的自由发挥的空间。

第四，互联网企业经常采用项目制的方式进行技术攻关和产品研

发,这种管理模式与德鲁克的目标管理有相似之处,它们都是利用资源的优化配置来实现组织期望达到的目标。跨部门协作就是资源优化配置的结果之一。一个项目团队经常由来自多个部门的员工组成,成员之间的沟通协作在一定程度上决定了团队的绩效表现。OKR 是个十分看重协作与沟通的工具,成员在设计目标与关键成果时不仅要向企业的整体绩效目标看齐,还必须与协作团队形成横向互动,明确各自承担的责任,认可对方的 OKR,并且形成合作联盟,确保对方在必要的时候提供帮助。因此 OKR 为项目团队的高效合作提供了保障,让项目制这种灵活的管理模式得以顺利运行。

由此可见,OKR 为互联网企业面临的一系列问题提供了一条可行的解决途径,是一种比 KPI 更加有效的管理工具。不仅是互联网行业,对于那些处于快速变化环境中,需要通过不断创新和跨部门的有效协作来实现组织和个人绩效提升的企业,都可以将 OKR 视为一种可采纳的工具。综上所述,OKR 主要适用于:(1)需要灵活应对市场不确定性的互联网等创新型企业;(2)需要建立跨部门协作的执行能力的业务转型期企业;(3)需要提高团队协作的知识服务型企业。

当然,OKR 的兴起并不意味着 KPI 完全失去了用武之地,对于大多数传统行业,KPI 依然是行之有效的。选择哪种方法来管理绩效,需要对行业的环境、组织的结构、人员的特征等各方面进行综合考虑,只有适合企业的方法才是有效的,盲目追求流行的工具方法将会为管理带来混乱,阻碍企业的发展。

第四节 OKR 是否是绩效评价工具

大多数关于 OKR 的研究都在强调,OKR 是一个管理和跟踪目标的工具。这使得许多企业在实践的过程中产生了疑问，OKR是否是绩效评价工具？OKR的完成情况是否是评价绩效的唯一标准？使用OKR的企业如何进行绩效评价？

一、OKR是否是绩效评价工具？

从在绩效管理系统中扮演的角色来看，OKR的功能覆盖范围远大于一般意义上的绩效评价工具。完整的绩效管理是由绩效计划、绩效辅导、绩效诊断、绩效评价和绩效反馈五部分构成的闭循环过程。

- 绩效计划指的是评估者与被评估者双方针对员工应实现的工作绩效沟通的过程；
- 绩效辅导指的是管理者对员工在工作进展、潜在问题、解决方案等方面进行的沟通辅导过程；
- 绩效诊断指的是分析引起绩效问题的原因，通过沟通帮助员工提升绩效表现的过程；
- 绩效评价指的是通过系统的方法对员工的工作行为和结果进行测量的活动；
- 绩效反馈指的是员工与管理者共同回顾和讨论绩效完成情况，并制定绩效改善计划的过程。

从这五个环节中不难发现，绩效评价只是绩效管理过程中的功能之一，而OKR的功能几乎贯穿了整个绩效管理的过程。从计划阶段开始，OKR通过团队之间、上下级之间的充分沟通，将个人目标、团队目标与企业整体绩效目标相联结，形成了一套上下左右互动的目标与关键结果体系；在执行过程中，OKR通过每周例会、中期检查等形式让员工与管理者对工作进展情况进行追踪，对阻碍目标实现的潜在问题和解决策略进行讨论，以帮助员工始终聚焦在对组织和个人绩效最重要、最核心的工作上；在评价反馈阶段，OKR利用自评工具让员工对自我表现进行

评价,并且在季度回顾面谈中让员工与管理者对一个季度内的活动进行复盘,总结经验,为下一季度的绩效活动制定计划。因此,相比于绩效评估工具,OKR 更应该是一个绩效管理的工具。

从绩效形成过程的角度来讲,OKR 与绩效评估工具的关注点也存在着差异。无论是对个体、团队还是组织,绩效形成的过程都包括投入、转换和产出三部分。

- 投入指的是个人的知识、技能、素质,团队的知识、技能、素质,组织的人力资源、技术和组织结构资源;
- 转换指的是个人在完成绩效过程中的方式方法,团队在完成绩效时表现的团队协作,组织的文化、价值观、信念、态度和行为;
- 产出指的是个人的工作数量和质量、团队的生产率、组织的经营结果。

绩效评价主要针对产出阶段,是对绩效结果的评价。此外,由于绩效评价关注的是过去的、已经发生的行为,因此它具有滞后性。通常情况下,目标是几个月甚至一年以前就设定好的,因此当员工与上级在绩效评价环节一起讨论这些目标时,它们很可能已经过时,甚至与当下的环境背道而驰。即使目标依然有效,但行为及其相应的积极或消极影响已经发生,此时再去分析问题产生的原因、对负面影响进行干预显得有些为时过晚。

OKR 主要针对绩效的转换阶段,着眼于绩效实现的过程,因此对产出的结果具有指导作用。OKR 的执行者定期对关键结果的完成情况进行追踪,从上级、同伴等多个渠道获取工作反馈,挖掘阻碍目标实现的潜在问题,并寻找解决问题的策略,通过对绩效行为的不断纠偏确保在产出阶段能够取得期望中的绩效表现。

由此可知,简单地将 OKR 等同于绩效评价工具是不可取的。

二、OKR 完成情况是否是评价绩效的唯一标准?

那么能否把 OKR 的完成情况完全等同于绩效表现结果来评价呢?笔者认为,将关键结果的完成情况当作绩效评价的唯一来源是有局限性的,绩效应该从多个维度进行考量。

首先,OKR 强调挑战组织与个人能力的极限,设置看似无法完成的高水平的目标,通过自我价值驱动朝着实现高水平目标的方向努力。这一特点决定了 OKR 的目标通常难度极大,实践起来非常困难。没有实现一个难度很高的目标不一定代表没有取得关键的工作成果,而实现一个不具挑战性的目标也不意味着能力就此得到了提升。如果将 OKR 的完成情况与绩效评价甚至奖惩制度完全挂钩,很容易导致 OKR 执行者为了获得较好的绩效评价结果而降低目标的难度,这就与 OKR 所提倡的精神背道而驰了。所以关键结果的完成情况显然不适合当作评价绩效好坏的唯一标准,还应该充分考虑工作的难度以及完成过程中个人能力的提升情况。

此外,绩效评价还应该考虑到周边绩效。博尔曼和摩托维德罗(Borman & Motowidlo)研究发现,工作绩效应当包括两个方面:任务绩效和周边绩效。任务绩效指员工通过直接的生产劳动或服务活动对组织所作的贡献,与工作内容、技术熟练程度、个人能力和工作完成情况相关;周边绩效则是存在于岗位职责和组织正式奖惩系统之外的一种人际和意志行为,表现为相互协作、对工作抱有热情、具有责任感等一切有利于组织的行为。上述关键结果完成情况和个人能力提升属于任务绩效的一部分,而 OKR 更重要的意义是激发员工的工作热情、团队合作意识和对组织的责任感,让组织的每一位成员为企业整体绩效目标的实现贡献力量,这些行为虽然很难被量化,却是保证组织顺利运转和长足发展的关键因素,也应当成为绩效评价的一部分。

因此,绩效评价不应该只看 OKR 的完成度,还应该综合考虑能力提升、团队协作,甚至周边绩效等各方面因素。OKR 结果可以影响绩效评价,但不应该是决定性因素。

三、使用 OKR 的企业如何实施绩效评估?

既然 OKR 不适合当作绩效评价的工具,其结果也只是诸多绩效因素之一,那么绩效评价功能应该如何实现呢?很多使用 OKR 的企业会借用外部工具来完成对绩效的评价工作,最常见的一种工具方法就是同伴评审(Peer Review)。同伴评审一般会邀请评价对象的上下级、项目合作伙伴,或者其他有合作关系的团队的同事对评价对象在一个绩效周期中的工作表现、成果贡献、能力价值等方面进行综合评估与反馈。这有些类似于国内企业在进行绩效评价时较常使用的 360 度评估反馈,由评价对象自己和其上级、下属、同事甚至顾客从多个角度对评价对象进行打分。

在实际操作中,企业可以借鉴谷歌的绩效管理模式。谷歌的目标与绩效管理体系包括两个部分:每季度的 OKR 和每半年一次的绩效评价。OKR 用于日常的目标管理,绩效评价则与激励体系相连。当谷歌进入绩效评价环节时,通常按照以下步骤来实施。

第一步,员工自评。自评要求员工填写一个绩效周期内的主要工作内容、承担的角色、工作成果、能力提升情况、待改进事项等。

第二步,同伴评审。员工邀请上下级、合作伙伴或其他协作团队的同事对工作重要性、表现与成果、待改进事项等方面提出反馈建议。

第三步,经理初评。员工的上级根据该员工的季度 OKR 表现、自评与同伴评审意见以及客观环境等因素为员工的绩效打分。

第四步,绩效校准。参与初评打分的经理组成校准委员会,向彼此阐明自己的打分理由,通过此种方式消除偏见,确保评分的公正性。

第五步,绩效面谈。经理将绩效评价结果向员工进行反馈,同时提供必要的辅导,帮助员工不断改进绩效表现。

OKR 与同伴评审或 360 度评估反馈等类似方法相结合的模式覆盖了绩效管理体系中的所有模块(计划、辅导、诊断、评估、反馈),OKR 负责目标的制定以及执行过程中的沟通、辅导和检查等环节;同伴评审(或 360 度评估反馈等工具)对员工表现出的任务绩效与周边绩效进行评价和反馈。因此,这种具备完整绩效管理功能的模式将有可能取代 KPI 成为企业中一种新的绩效管理方法。

综上所述,OKR 不是绩效评价工具,而是一种功能更为全面的绩效管理工具;它的完成情况可以作为评价绩效表现的依据之一,但不应该决定最终的绩效评价结果,也不应该直接与企业中的薪酬激励体系相联系;当 OKR 与同伴评审或类似的工具相结合的时候,能够形成一个完整的绩效管理闭环,因此存在着取代 KPI 的可能性。

第五节　OKR 的设计流程

一、OKR 的特征

在实践过程中,许多企业往往纠结于如何设计高质量的 OKR,究其原因,大多在于企业并不清楚"好的 OKR 是什么样",因此首先应该明确一个高质量的 OKR 具备什么样的特征。

(一)目标需要具备的特征

● 描述性。目标是对期望达到的成果的文字描述,可以不使用数字来量化。

● 挑战性。好的目标绝不仅仅是对企业所希望达到的业务目标的

简单描述。它应该能够鼓舞员工向着更高层次的业绩迈进,因此目标必须极具挑战性。

● 现实性。在挑战性的基础上也应当考虑到现实的局限性,目标应该是基于现有能力的挑战,如果脱离实际,就会失去目标的激励性。因此,在理想与现实之间找到一个平衡点至关重要。

● 结果的可控性。虽然许多工作需要多个部门合作才能完成,但针对某一个团队或个人的OKR,则必须由这个团队或个人来完成。如果没有完成目标的原因是"由于其他团队或个人的过失导致的",这就说明这个目标并不能被执行者完全掌控。在设计目标时,应该尽量避免这种情况。

● 具有商业价值。所有的目标最终都是为实现企业的绩效目标而服务的,因此目标必须能够转化成对企业有益的可见的价值。

(二)关键结果应该具备的特征

● 可量化。与目标不同,关键结果是衡量是否实现目标的标准,因此必须以可被测量的方式进行描述,最常见的做法就是使用数字来定义结果。

● 有野心的。在高水平的目标牵引下,关键结果也应该是极具挑战性的。

● 具体化。关键结果是对抽象目标的具体化,因此在设计时,应该将目标细分成可操作、易测量的具体行为。

● 易于跟踪进展。好的关键结果必须能够定期跟踪工作开展的程度,并且能够用客观的方式评估工作进展。如果直到季度的最后一天才能知晓是否达成目标,这就不是一个好的关键结果。

● 设计者拥有自主权。关键结果不是公司和上级布置的,而是由个体或团队自发设定的,设计者应该具有自主权,并且对关键结果负责。

二、OKR 的设计步骤

OKR 的设计过程主要由以下五步构成。

第一步,起草。根据 OKR 的层级召集相应的团队进行头脑风暴,公司层级 OKR 应当召集高管团队,团队或业务单元层级 OKR 应当召集团队负责人或业务单元经理。进行头脑风暴时,可以采用分组讨论的形式,将成员分成 2～3 人一组,每小组起草 2～3 个目标,每个目标起草 1～3 个关键结果。

第二步,提炼。汇总起草的所有 OKR,在头脑风暴小组范围内进行集体讨论。每位成员对各自起草的 OKR 进行阐述,并解答其他成员提出的问题,合并重复的 OKR,对存在疑问的进行修改,初步确定最终将使用的季度 OKR。

第三步,校准。这是为了确保设计的 OKR 与企业战略和整体绩效目标相一致。对团队层级 OKR 来讲,这一步尤为重要,因为许多任务必须依靠跨部门、跨团队的合作才能完成。这时,需要各团队负责人将本团队的 OKR 与其他相关团队共同讨论,听取意见,明确哪些 OKR 需要其他团队配合完成、哪些 OKR 可以帮助其他团队实现他们的目标。讨论的最终目的是与其他团队达成共识,并且根据建议修改 OKR。对于个人层级 OKR,校准工作可以在每个组织成员和其上级之间展开,由上级根据团队和公司目标对个人 OKR 提出修改建议。

第四步,定稿。根据讨论结果修改 OKR,并向上级汇报 OKR 的设计理念、设计过程,以及与其他团队产生的承诺,获得批准后,形成最终定稿。

第五步,发表。OKR 具有透明管理的特点,因此每个个体、团队和公司的 OKR 都要向所有人公开。具体做法因企业而异,有的企业要求使用者在软件系统中输入 OKR,有的企业分享文件,但最终目的都是保

证每位组织成员都能够看到并且查询任何人的OKR。

三、评分规则的建立

为了能够跟踪OKR的执行过程,每一位使用者在季度末需要对关键结果进行打分。在这方面,谷歌建立了一套简单的打分规则,使用者根据自身工作的开展情况对OKR进行自评打分。这套规则也被多数使用OKR的企业所接受和采纳。谷歌将评分范围控制在0至1分,评分共4个档级。

- 1.0分:百分之百完成目标,取得了极其卓越、几乎不可能实现的成果。
- 0.7分:虽然没有完成目标,但是付出了极大的努力,取得了关键成果。
- 0.3分:没有完成目标,取得了通过常规努力就能够实现的成果。
- 0.0分:没有完成目标,也没有取得任何成果。

谷歌认为,如果多数OKR得分在0.9以上,很可能说明目标设置得过于简单;如果多数得分在0.4以下,则说明目标设置得过高,或者目标定位错误,将本不属于重要和核心的领域当作工作重点;得分在0.6至0.7之间是比较理想的,这说明在正确的方向上取得了不错的结果。

谷歌的这套打分方案主要用于季度末的总结,但有多年OKR培训经验的尼文和拉莫尔特(Niven & Lamorte)建议企业在完成OKR的设计工作后,立即为关键结果进行预打分。这样做的好处是,让执行者提前预演关键结果的打分过程,同时建立更加具体的打分规则。例如,某位员工的个人OKR如下:

- 目标,通过提高员工的参与度将"神秘购物"调研的平均结果从71提高到80;
- 关键结果,在7月31日前通过扩展NOVO试点将现场管理的空白率从 11% 降至 6%。

在预打分过程中,他/她可以为这条关键结果建立如下的评分规则:
- 1.0 分,现场管理空白率降至 6%;
- 0.7 分,现场管理空白率降至 8%;
- 0.5 分,现场管理空白率降至 9.5%;
- 0.3 分,现场管理空白率降至 10%;
- 0.0 分,现场管理空白率无变化。

这样,在季度末的总结阶段,这位员工就可以根据上述规则,准确判断关键结果的得分。同时在执行 OKR 的过程中,他/她也能根据评分标准随时定位工作进展状况,即时调整工作节奏。

四、OKR 设计中值得注意的问题

首先,应当坚持"少而精"的原则。OKR 的核心是"在关键的领域保持专注",因此在设计时要首先明确哪些工作才是最重要的,针对它们设计 OKR,避免面面俱到。过多的 OKR 不仅分散在重点工作上的注意力,而且减少了花费在每个 OKR 上的时间,容易导致工作上的手忙脚乱。通常情况下,合理的 OKR 数量应该控制在每个季度 2~5 个目标,每个目标对应 2~4 个关键结果。

其次,应当保证 OKR 的一致性。无论是哪个层级的 OKR,都应当为企业的整体目标服务,因此确保所有 OKR 在方向上的一致性是十分关键的。这就要求每个团队或个人必须理解公司层级 OKR 的意义,并且明确各自的使命和存在的价值,这是保持一致性的前提。在设计 OKR 的过程中,应当不断思考"我或我的团队能够对公司的哪些 OKR 产生影响?如何影响?"需要注意的是,某一个团队或个人也许并不能影响公司所有的 OKR,因此要针对业务覆盖范围之内的目标进行影响。同时也不能简单地将公司 OKR 复制成团队或个人 OKR,团队和个人

OKR必须是自下而上产生的,描述的是团队和个人独特的目标。

再次,应当保证一定数量的OKR是自下而上制定的。OKR能够激发员工的工作热情是因为员工能够自主选择最适合自己的工作,因此应当保证自下而上设计的OKR的比例占总数的一半以上。当需要员工接受来自上级的OKR时,应该进行充分的沟通,使双方都达成一致。

最后,目标与关键结果应当用简明易懂的语言描述。由于OKR向所有组织成员公开,而每一位成员都来自特定的领域,不可能了解企业所有模块的工作内容,因此设计时应当充分考虑到这一因素,尽量让所有人能够轻松了解OKR传达的信息,避免过多地使用专业术语。

第六节 OKR的执行流程

一、OKR的执行流程

如果企业是首次使用OKR,那么应该在正式进行OKR的设计与执行前做一些必要的准备,帮助后续工作的顺利开展。尼文和拉莫尔特建议企业从以下三点进行OKR的准备工作:

(1)思考"企业为什么要使用OKR"。对这一问题的思考将决定OKR能否取得期望的成效。简单效仿其他企业推行OKR,可能导致组织和员工聚焦在错误的方向和工作中。因此,必须发掘企业的深层动机和经营中期望实现的核心目标,列出正在面临的挑战和应对策略,慎重思考OKR是否真的必要。

(2)获得高管的支持。无论在英特尔还是谷歌,它们的首席执行官都是OKR最积极的支持者和参与者。虽然对许多企业来说,高管可能不是推行OKR的发起人,但他们对待OKR的态度和支持程度将会直接影响整个组织对 OKR 的接受程度。如果高管表现出极大的支持，并身体力行地参与其中，那么员工也将更容易接受和参与。如果事实正好相反，那么 OKR 的推行工作也将变得困难重重。

（3）决定在哪个层级实施 OKR。通常情况下，OKR 分成三个层级：公司层级、团队层级和个人层级。公司层级主要面向公司的高管团队；团队层级主要面向各个团队的负责人或者各业务板块的经理；个人层级面向每位员工，这也是对象范围最广的一层，面向组织里的每一个个体。对象范围越广，操作的难度就越大，因此企业必须根据需求事先决定在哪一个层级面对哪一类人实施 OKR。有的企业选择从公司或团队层面开始，有的小型企业从一开始就在全公司范围内推广，还有的企业选择将一个项目作为试点，验证 OKR 的有效性。通常情况下，首次引入 OKR 的企业会选择在范围较小的公司层级进行试验。这不仅可以让管理团队理清企业发展的核心要务，还为未来的全员推广提供了例子和榜样，更利于员工接纳和使用 OKR。

在完成了准备阶段的思考以后，企业就可以进入正式的流程当中。一个完整的实施流程包括以下六步：

第一步，针对实施对象进行 OKR 培训。培训的主要目的除了介绍 OKR 的相关基本概念，更重要的是阐明企业为什么要使用 OKR。虽然这个问题在准备阶段已经被深入思考过，但只局限于高管和少数人之中。如果希望组织能顺利地接纳 OKR，就必须让执行的主体了解高管对这一问题的看法，从正确的角度期待 OKR 可能带来的改进。培训作为实施流程的第一步，不仅适用于初次接触 OKR 的组织，即使在 OKR 体系相对成熟的企业中，只要实施对象中有新成员加入，就应该对新成员进行这样的培训。

第二步，明确企业的使命、愿景和战略，设计并展示公司层级 OKR。这一步非常关键，因为所有层级的 OKR 都必须与企业的总体战略相一

致，因此高管团队必须首先将企业的战略及核心梳理清楚，并在此基础上制定企业在未来一个季度内将要实现的目标和关键结果。设计好的OKR应该向全体员工展示，确保组织里的每一个员工都清楚公司的季度目标和关键结果。这为接下来的团队层级和个人层级OKR的设计提供了依据和基础。

第三步，设计并展示团队层级OKR。团队负责人或业务单元经理需要根据企业战略和季度目标，评估各自团队或业务单元能够为实现企业目标做出哪些贡献，并据此设计团队层级OKR，设计好的目标与关键成果应该在公司范围内进行展示。

第四步，设计并修订个人层级OKR。作为OKR模型的最底层，每个员工在确定最终的季度OKR之前，都应该与上级进行详细的沟通，确保个人目标与企业目标和团队目标始终保持一致。

第五步，监督检查OKR的执行过程。当OKR进入正式的实施阶段后，应当定期召开检查会议，对OKR的实施过程进行审视和调整。这样做的目的是为了跟踪当前工作的进度，对潜在或已经出现的问题进行总结，寻找解决的途径。如果问题无法得到有效解决，则需要对目标和关键结果进行重新评估，思考调整OKR的必要性。尤其对于刚刚引入OKR的企业，管理者与员工在目标的预测和关键结果设定的准确性上可能存在一定的偏差，因此过程中的监督能够有效地帮助管理者和员工反思预先的判断，对行为进行纠偏。监督检查的频率视企业的需求而定，有的企业在季度过半时进行中期检查，而有些组织庞大、结构复杂的企业则要求实施者每月甚至每周都汇报OKR的执行情况。

第六步，总结汇报季度OKR成果。季度末期是OKR的总结回顾阶段。这一阶段分为两个环节，第一个环节是自评。OKR的实施者根据评分规则对每一条关键结果的完成情况进行自评打分。每位组织成员分别为各自的个人OKR打分，团队负责人或业务板块经理为团队

OKR打分,高管为公司OKR打分。第二个环节,也是这一阶段最重要的环节,是季度回顾会议。在会上,每个团队和个人都需要对OKR成果、自评得分、评分标准、打分理由进行阐释,这样做的好处是,组织的每位成员都可以了解其他成员和团队做过什么工作、取得了哪些成果,以及在此基础上整个企业取得了什么样的进步。季度总结大会的意义不仅仅是对OKR成果的总结,更重要的是它提供了一个交流与学习的平台,团队与个人既可以分享成功的经验,又能够讨论遇到的困难,在实践与总结的过程中获得能力的提升。

这是一个标准的OKR流程,当所有的总结工作结束以后,流程会回到第二步,进入下一个季度的循环。在实际操作中,企业的情况与需求不同,因此不一定经历每个层级OKR的设计过程,有些过程在执行中也会产生相应的调整和变化。但是"监督检查"(第五步)与"季度回顾"(第六步)作为保证OKR有效运行的关键环节,在任何情况下都应该引起足够的重视,不能省略。

二、 OKR执行过程中的注意事项

在执行OKR的过程中,有的企业发现,上一个季度没有完成的OKR不知道应不应该在下一个季度继续沿用。这主要取决于企业在新季度所处的环境和需要聚焦的重点。对于处在外部环境变化快的行业中的企业,如互联网企业,组织的关注焦点经常随着外部市场和消费者的需求而变化,有时企业在几个月内就需要重新调整目标,因此当整体绩效目标发生改变时,团队与个人的OKR也应该做相应的调整。但是对于大部分企业来说,整体目标通常相对稳定,这时如果出现无法在一个季度内完成的OKR,就需要考察它对实现整体目标的重要性,一个对当前战略至关重要的目标是可以被沿用到下个季度中的。同时值得注意的是,虽然季度间沿用了相同的目标,但是为实现目标所产生的行为

很可能发生变化，因此需要对关键结果重新定义。无论是否沿用相同的OKR，其最终目的都是帮助企业实现整体绩效目标。

还存在一种与上述相反的情况，即在一个季度周期结束前对OKR进行调整，这时需要对调整的原因和必要性进行深入分析。除非遇到极端情况，公司层级的OKR一般不建议在季度过程中进行修改，因为它是团队和个人OKR的基础，一旦调整就会涉及整个组织内OKR体系的变动，容易造成管理上的混乱。这也就意味着这一层级OKR的设计必须经过慎重的思考和深入的沟通，确保企业聚焦在最重要、最关键的地方。对于团队和个人层级的OKR，首先应该定位哪些OKR可能会进行调整，最直观的方法就是找出那些工作进度明显落后的目标与关键成果，然后需要对执行过程中的困境进行分析。有时并不是OKR的设置出了问题，而是遇到了阻碍成功的因素，那么实施者就需要有针对性地制定解决方案；如果遇到现阶段无法解决的问题，则需要考虑是否应该继续将其作为核心工作，或是否应该调整相关OKR。从总体上讲，需要调整的OKR应该是少数，如果企业内出现大量或频繁修改OKR的情况，则需要考虑是否OKR的设计环节出现了问题。

三、OKR软件工具与数据应用

在计算机与网络飞速发展的时代，企业已经逐渐习惯利用信息化工具完成生产与管理工作，因此启用一种新的管理工具时，如何快速地将其纳入已存在的信息系统中，也在一定程度上影响着这个工具在企业内部的应用程度。在OKR的实践中，常用的工具主要有以下几类：

（1）传统的Office软件（如Word，Excel等）。先将OKR输入文本或表格，再通过邮件等形式发送给组织成员。这是成本最低的一类工具，但在OKR的收集和传播等方面需要做大量人力工作。

（2）谷歌的分享功能。只要注册谷歌账户，在gmail里就可以使用这一功能。它不仅能够在线创建、编辑和分享文本,还有记录功能,能够查询到修改者、修改时间和修改内容,但是它无法满足企业的个性化需求。

(3) OKR 软件工具。随着 OKR 的影响力不断扩大,相关产品的种类和数量也在增加,有的产品可以针对企业的需求进行个性化的功能设计。但是上述三类工具共同的问题是,无法实现与企业现有管理系统的对接。

(4) 企业自主研发的 OKR 系统。这类工具往往需要企业投入一定的人力财力,但是设计的 OKR 系统能够完全满足企业的需求,同时能够实现与已有管理系统的快速对接,因此比较适合于信息管理系统相对完善的企业。

企业在选择信息化工具时应当充分考虑自身的需求和使用情景,例如,使用 OKR 的人数、使用 OKR 的重点人群、检查与总结的频率、与其他系统的对接等。有些时候,细节上的不合理设置会影响整体的使用感受,进而影响使用者对工具和 OKR 的接纳程度。

OKR 信息化带来的另一个问题是数据的收集与应用。通常,OKR 平台或软件工具会实时收集与 OKR 相关的数据,使用者越多,使用时间越长,数据库越大,对这些数据的挖掘与分析将会为企业管理带来更加丰富的信息。几种比较常见的用途有:

(1) 分析用户使用习惯。数据能够直观反映 OKR 的使用人数、得分情况等,通过对这类数据的分析,能够帮助企业优化 OKR 系统的功能。

(2) 分析企业经营状况。OKR 数据客观记录了企业的经营过程,因此当组织或个人绩效表现产生波动时,这些数据能够帮助管理者回到具体的经营活动中寻找原因,为绩效管理提供更加客观的依据。

(3) 分析 OKR 的有效性。目前,OKR 有效性的理论研究较少,因此对于 OKR 是否真的有助于提高企业效益尚存在争议。将 OKR 数据与企业经营结果相比较,有助于在这个问题上找到有价值的参考。

OKR 数据的收集和应用在目前仍属于初级阶段,无论在理论还是

实践方面都有待更深入的研究,但其潜力是无限的,它必然能够为企业运营管理提供新的思路和发展机会。

附录:企业应用案例——西尔斯控股公司

西尔斯控股公司(Sears Holdings Corporation,以下简称西尔斯)是美国的一家综合性商品零售企业,旗下拥有世界最大的私人零售企业西尔斯·罗巴克公司(Sears, Roebuck and Co.)和美国最大的打折零售商、世界最大的批发商之一凯马特公司(Kmart Corporation)。作为零售业巨头,西尔斯拥有家居用品、服饰等 34 个业务模块,员工接近 20 万。2015 年,西尔斯的年营业额超过 250 亿美元。在 2016 年世界 500 强企业名单中,西尔斯名列第 383 位。

随着网络科技的发展和电商的兴起,传统零售业经受着前所未有的冲击和挑战,即使是西尔斯这样的大型零售公司,也不得不面临经营业绩持续下滑的局面。为了在激烈的竞争中生存下去,西尔斯必须寻找能够快速响应外部市场变化和消费者需求的方法。2013 年,西尔斯内部正经历着企业文化重塑和绩效管理系统升级的压力。西尔斯希望通过全新的绩效管理模式打造高绩效企业文化,通过聚焦核心发展方向、建立高效的团队合作和提升个人生产力帮助企业摆脱困境。一个偶然的机会,西尔斯的 CEO 艾迪·兰巴德(Eddie Lampert)受到谷歌关于 OKR 的培训视频的启发,决定在西尔斯内部引进这种管理工具。

1. OKR 的引入与实施过程

西尔斯组建了一支 OKR 团队,以 CEO 为首,包括了来自 IT、人才管理和培训等部门的相关人员。他们集中学习 OKR 的相关知识,定期交流心得感悟,IT 部门还打造了专属于西尔斯的 OKR 操作平台(见附图 1),为 OKR 的引入工作做了充分的准备。从 2013 年的第二季度开

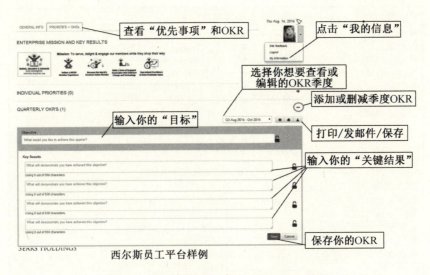

西尔斯员工平台样例

附图1 西尔斯操作平台的 OKR 录入界面

始,西尔斯对38名业务单元经理展开了为期半年的 OKR 试行工作。

首先,西尔斯为这些业务经理提供了多种多样的 OKR 培训。培训团队制作了许多关于 OKR 的短视频,用于介绍 OKR 的相关知识,经理们只需在网站上花费几分钟的时间,就能了解 OKR 是一种怎样的管理工具,以及西尔斯为什么要使用它。此外,培训团队还制作了 OKR 参考指南(见附图2、附图3、附图4)。这是一个4页的员工手册,里面介绍了 OKR 平台的使用方法,列举了基于具体业务的 OKR 范例,并且回答了一些常见的关于 OKR 和操作平台的问题。除了这些宣传与培训资料,西尔斯还定期举办各种研讨活动,从外部邀请 OKR 培训专家为业务经理提供指导。每次的研讨围绕一个特殊的主题展开,参加培训的成员能够学习到设计与管理 OKR 的方法,并且通过练习不断进行强化。西尔斯通过各种培训向业务经理们持续灌输 OKR 的相关信息,帮助他们快速获取必备的知识;更重要的是,让他们对 OKR 产生认同感,相信这种方法能够为当前的工作状态带来改观。

什么是OKR?	OKR指导原则
● OKR代表O(目标)和KR(关键结果) ● OKR是跟踪个人目标与结果的一种方法 ● "目标"代表"你想达到什么" ● "关键结果"代表"为了完成目标你需要做什么"	● 可测量(必须可以被量化) ● 有野心(不断推动个体前进) ● 可操作(能够立即开展工作) ● 有时间限制(通常为一个季度) ● 由每个人设计完成 ● 是员工和上级均认可的 ● 公开透明(每个人都可以看到其他人的OKR) ● 不是正式的绩效评估,只是自评 ● 最多不超过5个目标,每个目标不超过4个关键结果
为什么使用OKR? OKR能够帮助西尔斯的员工跟踪和量化当前的工作,并且对工作结果进行季度回顾 ● 使每个人都明确什么才是重要的 ● 展示工作进度 ● 使每个人朝着共同的方向努力,聚集成果 ● OKR对所有使用者可见	OKR的输入与评估步骤 (新OKR的设计始于上一个季度结束前一周,终止于新季度第一周的最后一天) 1. 如果你之前在系统里输入了OKR,请在季末给你的OKR打分(如果此前没有输入过OKR,直接进入第二步) 2. 请在新季度开始前一周起草新OKR 3. 与你的上级讨论你的OKR 4. 请在新季度第一周结束前将新OKR输入系统

附图2　快速参考手册范例1

管理者 目标:将支持技术创新的员工组建成一个团队 关键结果1:在季度结束前,确保组织内人数较多的团队全员参加Game On、Pebble和SYW组织的培训研讨 关键结果2:组织安排与下属每周的1∶1会谈和每月与团队的午餐会议 关键结果3:完成平均每周3次的Pebble活动,并且至少在一次活动报告中总结创新点子和文献资料 关键结果4:在11月15日前使用计分卡跟踪团队参与性研究的项目进度	支持性业务板块:市场 目标:将第四季度凯马特公司的年度预定商品销量提高5% 关键结果1:在12月1日前启动新的电视广告活动以增加预定商品的销量 关键结果2:对几种预定商品的会员推销活动进行分析,并在11月20日前完成那些效果良好的活动的推广 关键结果3:与零售店合作,在11月27日前完成对所有店内员工的预定商品相关培训
运营业务板块:经销商 目标:将第四季度的年度国际收支平衡(BOP)的表现提高25% 关键结果1:将PMD降低10% 关键结果2:在12月25日前将国际收支增加100万美元 关键结果3:在11月20日前完成生产线连续性项目	地区经理 目标:提高消费者对SHOP Sears & Shopping Recap的接受程度和使用率 关键结果1:在11月27日前将地区SHOP Sears的交易余额提高到75% 关键结果2:通过提高会员在SHOP Sears的交易质量实现100万美元的收益目标 关键结果3:将店铺占比从第三季度的82%提高到第四季度末的100%

附图3　快速参考手册范例2

> **OKR 能给我带来什么**
> OKR 是一种简单、易操作的方法,帮助你随时跟踪自己的工作进展,同时评估工作成果。你可以用它为下个季度设定目标和完成目标所需的工作。
> **OKR 能为西尔斯带来什么?**
> 1. 优先事项可以让所有员工朝着相同的方向努力
> 2. OKR 可以跟踪工作成果。当一个 OKR 没有达到预想的成果时,它可以让我们思考这个 OKR 是否真的重要,以及是否有什么因素阻碍了 OKR 的实现
> 3. OKR 能够让员工将精力聚焦在真正重要的事务上
> 4. OKR 能够让各业务板块更有效地合作,实现共同的目标
> **如何将 OKR 与我的年度优先事项结合起来?**
> OKR 是你在一个季度里需要实现的目标,你在每个季度里实现的目标最终将帮你完成年度优先事项。
> **我应该设计几个目标和关键成果?**
> 你最多可以设计 5 个目标,每个目标最多设计 4 个关键成果。
> **除了在 Game On 平台上可以浏览我的 OKR,我还能在其他地方查看我的 OKR 吗?**
> 是的。你还可以在你的 Pebble 主页上看到 OKR 和评分,但是只能浏览,无法编辑。
> **我应该花多长时间起草我的 OKR?**
> 起草 OKR 应该是一个很快的过程。你需要思考你的优先事项是什么,以及为了完成它们你需要做哪些工作。然后将你的想法与上级讨论并且确定最终的 OKR。

附图 4　快速参考手册范例 3

接下来,业务经理们进入了 OKR 的设计环节。首先,他们根据西尔斯的战略目标对各自业务板块的价值进行了梳理,明确每个板块能够为西尔斯的整体绩效做出哪些贡献;在此基础上,业务经理为各自负责的业务板块制定了优先事项。所谓业务板块的优先事项,指的是为了达成西尔斯的总体目标,某一板块所应该实现的业绩成果,每个板块有 2~5 个优先事项。紧接着,这些业务板块优先事项被分解为个人优先事项,即每位业务经理在年度内应该完成的重点工作和关键项目等。最后一步,是把年度个人优先事项细分成季度个人 OKR,也就是本季度内业务经理应该实现的目标和关键结果。在 OKR 的设计过程中,西尔斯的培训团队为业务经理们提供一对一的培训指导,帮助他们聚焦关键领域,将抽象的战略转化为可操作的 OKR。每个季度,业务经理们最多可以为自己设置不超过 5 个目标,每个目标设置不超过 4 个关键结果。

在开始正式实施 OKR 前,培训团队还建议每位业务经理为关键结果确定评分标准。总体上,西尔斯沿用了谷歌的自评式打分模式,但是

针对每一个关键结果，业务经理还需要设计具体的规则，以便在季末正式打分时能够保持相对一致的评判标准。

OKR 设计完成后，业务经理们将其输入西尔斯平台系统进行保存，然后便是 3 个月的 OKR 执行阶段。为了更好地跟踪 OKR 的执行过程，西尔斯提供了一种反馈工具（见附图 5）。当业务经理希望知晓其他人对自己工作的看法时，他们只需进入操作平台，在反馈页面选择希望从谁那里获得反馈以及希望听取哪方面的建议，这个请求就会发送给对方。在对方做出评价后，便能在系统中查询到具体的反馈意见。反馈工具是执行过程中被使用最频繁的工具，它能够使业务经理在完成工作的过程中不断接收来自上级、下属或同伴的反馈，并根据建议改进工作方法、提升工作效率。同时，他们也能通过反馈工具及时查看其他人的工作动态，并提出自己的意见。西尔斯利用反馈工具建立了一个良性的互动模式，使得员工与周围人的沟通更加具有时效性。

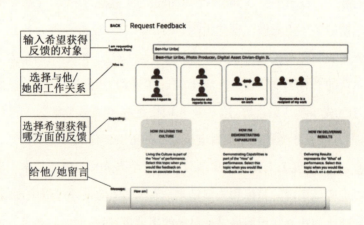

附图 5　反馈工具操作界面

当一个季度进入尾声，OKR 系统会发出一封邮件，提醒业务经理们尽快开始 OKR 的评分和总结工作。在这个阶段，业务经理要完成两件重要的事情。首先，他们回到操作平台上，根据季度初期确定的评分规则对每项关键结果进行自评,打分情况是OKR回顾工作的主要依据。然后,每个人与他们的上级进行季度回顾。西尔斯的季度回顾是一个下级主导的一对一面谈。在这次面谈上,业务经理向公司高管汇报一个季度取得的工作成果、OKR的得分情况,同时对本季度中遇到的问题、实施的解决措施、解决效果以及收获的相关经验进行总结。在面谈的最后,业务经理还要对新季度希望达成的目标进行阐述。高管们则向业务经理分享自己的感受,提供必要的支持与辅导,并对新一季度的OKR提出修改建议。

OKR在这些业务经理中取得了很好的反响,不少人坦言,OKR使他们能够认真思考到底想要得到什么,并帮助他们将注意力拉回那些可以让业务发生积极变化的地方。两个季度后,这些业务经理都变成了OKR这个管理工具坚定的支持者,并且是OKR在各业务板块宣传推广的主力军。如今,西尔斯有将近两万名员工正在使用这种方法,虽然OKR在推广过程中采用的是自愿的原则,但是它在员工中的使用率已经达到将近70%。同时,OKR逐渐变成西尔斯员工的一种工作模式,在每周的员工会议上经常能看到管理者和员工就OKR和完成进度进行深入讨论的情景。

2. 西尔斯对OKR数据的应用

在实践OKR的过程中,西尔斯利用优秀的技术团队搭建起了属于自己的数据库,通过对信息的收集与分析,不断充实着对OKR、对绩效管理和对企业经营的思考。西尔斯主要将数据运用在以下几个方面。

- 显示用户的使用习惯。技术团队通过将数据可视化,直观地反映出OKR在西尔斯各业务板块、团队和个人中的使用分布情况,OKR数量和使用人数的变化趋势,OKR总体和个人的得分情况等。这些使用信息成为其他数据分析的基础。

- 寻找优秀的使用者。技术团队通过OKR使用情况寻找OKR在

组织内的最佳实践案例和实践个人,这些案例会被集中收集并且应用在日后的培训资料中,而使用者也有机会被邀请为OKR培训嘉宾,向更多人分享他们的实践经验。

● 研究OKR的有效性。西尔斯利用数据库的信息研究了OKR对员工个人绩效和企业经营结果的影响,结果发现,使用OKR的员工比不使用这种方法的员工在个人的年度绩效上增长了11.5%;在对西尔斯一个呼叫中心的营业情况进行研究后发现,使用OKR的小组比不使用的小组在营业额上多出8.5%。虽然这些研究的样本量十分有限,结果的代表性也有待进一步考证,却是目前能够证明OKR可以提升个人与组织绩效的唯一明确的证据,对相关领域的后续发展起到了关键的推动作用。

● 挖掘推广机会。目前OKR还没有实现在西尔斯的全面应用,因此组织内还存在着大量的推广机会。对OKR使用分布情况的分析能够帮助西尔斯定位下一个推广对象在哪里。

● 寻找潜在发展问题。虽然每个人都能说出一两点西尔斯正在面临的经营和管理上的困境,但通常情况下,这些感性的认知很难被量化和考证。OKR数据为这个问题提供了大量可参考的客观证据,它可以让管理者回到某个特定的时间和业务板块中,查看具体的经营状况,寻找潜藏的问题。

3. 改进提升和前景展望

虽然OKR在西尔斯的使用已经取得了有目共睹的进展,但是面对未来,西尔斯认为自己仍然有能够突破和改进的地方。首先,西尔斯一直在寻找合适的机会将OKR介绍给更多的组织成员,不仅是美国本土,西尔斯希望能够将OKR推广到世界各地的子公司中去。其次,西尔斯开始将注意力转移到帮助员工设计高质量的OKR上。在刚开始使用OKR时,西尔斯更注重培养员工的OKR意识,对于OKR的质量并没有做过多的要求。如今,相当一部分员工已经将OKR变成一种工作模式,因此他们开始寻找让OKR变得更加有效的方法,以便最大限度地利用OKR的优势为组织创造价值。最后,西尔斯认为目前对数据库的利用还不充分,在未来将借助技术团队对数据进行深度挖掘,为企业管理和绩效提升提供更有价值的参考依据。

孙 波 文 库

孙波文库

第十三章　在云端实现绩效管理

伴随着 IT 产业的高速发展,有越来越多的企业将传统经营活动与互联网嫁接,依托即时、高效的信息获取技术和广阔的平台,创造出新的经济发展形态,"云端""大数据""互联网+"等概念也随之进入了人们的视野。在对外创新发展的同时,不少企业也开始思考能否利用互联网的优势对传统的管理工具加以改造,使其能够跟上商业活动拓展的脚步。作为企业管理的核心,绩效管理对业绩表现有着十分重要的影响,利用互联网搭建一个高效的反馈与互动平台能够为绩效管理提供及时的指导,满足企业快速发展的需要,同时也可以提高组织成员的参与性,增进员工与工作和组织的联系。正是看到了这些机遇与优势,一些为人所熟知的企业,如脸书、领英等,开始尝试利用互联网作为媒介进行绩效管理,相应的管理平台产品也应运而生。在这股浪潮的引领下,绩效管理正悄然进入云端管理的新时代。

第一节　绩效管理平台的产生背景及主要功能

一、绩效管理平台的产生背景

英语中有一个词叫"Millennial",用来泛指 1980 年以后出生的人,

相当于我们常说的"80后""90后"。这个词在近十几年的西方企业和管理学界被越来越多地提及和研究,因为他们发现,这一代人无论从生活环境还是思维方式都和上一代人存在着明显且深刻的差别。众所周知,这一代人是伴随着互联网的兴起和发展成长起来的,社交网络就是他们的生活方式,当上一代人刚刚习惯于使用电子邮件的时候,"80后""90后"们已经开始厌弃这种方式的缓慢和无效,开始寻找更加快捷和无障碍的沟通方式,于是有了今天的脸书、推特和微博。它们组成了一个庞大的社交网络平台,活动在其中的人们已经习惯将自己和周围人的生活暴露在网络环境中,并且积极渴望着他人的回应和认同。如今,"80后""90后"员工逐渐成为企业中工作的主体,有些已经成为组织中的管理或技术核心人才,支撑着企业重要的经营活动。当他们为企业带来知识、技术和创意的同时,也把他们的这种沟通习惯带入组织生活中,潜移默化地影响着企业的工作方式和管理模式,因此,构建一个工作中的社交平台,实现快速、及时的工作沟通和协作便成为管理新一代员工绩效最有效的手段。

　　回顾那些知名企业(如谷歌、脸书、推特等)的成功经验就会发现,他们都拥有一个共同的特点,那就是善于在变化中迅速寻找和抢占先机,就像脸书的一条核心价值观所描述的那样,"快速地失败,并且快速地从失败中获取经验"。互联网时代带来了比以往任何一个时代都要激烈的竞争,企业不仅要在瞬息万变的市场导向和用户喜好中寻找发展方向,通过不断的尝试积累经验和教训并指导未来的经营活动,而且还要学会在尽量短的时间内完成这一过程。因此企业需要的不再只是一个能够长期跟踪绩效活动、反馈工作进度与质量的管理系统,而是一个能够快速整合管理过程的工具,这正是绩效管理平台具有的最大的优势。

　　许多企业在进行绩效考核时都会面临这样的状况:每当考核期临近,员工通常要花费一些时间对自己过去一段的工作内容和成果进行梳理，部门主管则需要收集、整理下属日常的工作表现，为每个人打分，并且进行一对一的考核结果面谈，提出改进意见。还没等问题得到充分修正，下一次绩效考核很快又要到来，于是员工再次陷入上述工作中，管理者则感觉一直在进行绩效考核，但绩效却没有明显的改善。类似这样的循环暴露了传统绩效考核存在的两个弊端：

（1）速度慢，耗时长。传统绩效考核通常没有稳定和统一的资料收集平台，员工和管理者如果想要进行往期工作回顾，就不得不在大量各式各样的工作资料中筛选有用的信息，这个过程极大地拖延了考核进行的速度。同时，作为一种较为正式的管理手段，绩效考核一般都要经历自评、他评和面谈等阶段，冗长的流程也消耗了员工和管理者大量的时间，增加了绩效考核的时间成本。

（2）面向过去而不是未来。传统的绩效考核通常在月度或季度末进行，主要是对过去一段时间的工作成果进行评价。然而今天很多企业已经不能等到一个目标实现以后再去讨论是非对错，而是需要在实现的过程中不断地接受反馈并且调整方向，因此对绩效管理和考核的要求也就不仅仅是对过去的回顾，更是对现在和未来的工作提供有益的指导。

因此，传统绩效考核工具已经不能满足企业的这些需求，企业需要的是反应速度更快、前瞻性更强的绩效管理工具。

二、绩效管理平台及主要功能

绩效管理平台创造了一个企业内部的工作社交网络，使用者能够随时通过手机、电脑、笔记本等终端设备登录平台、添加工作伙伴、发布自己的最新工作动态、展示工作成果，并对他人进行评论和互动。它的操作界面与脸书、人人、微博等社交平台非常类似，员工在登录个人账户后就能够在平台首页上创建新的状态信息、浏览所有工作伙伴的最新活动，并能够在每条状态下进行回复。首页上还显示该员工当前正在进行

的 OKR 项目,点击每个项目图标,系统便会自动展开与此 OKR 相关的详细内容,如关键成果、完成进度、参与者以及分工情况等,员工可以根据需要添加和编辑目标与关键成果,随时修改进度,并且邀请相关同事加入团队,共同完成 OKR。进入员工个人主页后,首先能够看到工作提醒信息,里面罗列了等待该员工处理和完成的工作事项,通过点击每条事项,员工将被直接带入相关界面,快速地开展工作。此外,个人主页上还显示员工当前正在进行的工作活动和进度,员工可以随时添加新活动或更新进度状态。

绩效管理平台一般具有三个主要功能:点赞功能、反馈功能和绩效评价功能。

(一)点赞功能

当员工完成某项工作后,与该项工作相关的上级或同事可以发布一条点赞状态,表达对该员工工作的肯定和鼓励。这一功能的主要目的是通过他人公开的感谢和表扬激发员工的工作热情和责任感。与微博或朋友圈中的点赞不同,绩效管理平台提供更具个性化意义的点赞功能。平台拥有一个丰富的徽章库,每个徽章都配有独特的名称和用途,员工可以根据点赞对象和事由的不同选择不同的徽章,并且还能够添加备注,详细描述点赞原因。如果库中现有的徽章都无法满足需求,员工还可以自定义徽章图案和内容,以达到个性化的点赞目的。在完成所有编辑工作后,这条点赞动态将会上传到平台系统,工作朋友圈中的所有人都可以在首页上浏览到这条信息。虽然这种激励是虚拟的,但由于它直接发生在工作结束后,具有很强的即时性和共享性,因此同样能够起到良好的激励效果。

(二)反馈功能

这一功能主要用于员工与其同事、上下级之间就某一具体工作进行讨论和提出建议。管理平台支持员工为他人工作提供反馈,或者邀请他人对自己或下属的工作表现提供反馈。操作时,员工只需进入个人主页中的反馈页面,选择希望获得的反馈类型("为我提供反馈""为我的下属提供反馈""为某项工作提供反馈"),添加反馈提供者的姓名,并在备注中描述对反馈内容的具体要求,系统将自动把这条请求发送给对方,对方则可以通过链接直接进入反馈界面作出相应的评价,并发还给邀请人。

(三)绩效评价功能

与传统的绩效评估类似,绩效管理平台在评价时通常采用360度的方法,由员工首先对工作成果进行自评,再由同伴和上级作出相应的评价。但是传统绩效评估需要管理者花费大量时间收集各方的反馈,而管理平台充分利用互联网在资料整合方面的优势极大地缩减了消耗在这一环节上的时间。当管理者需要了解下属近期的工作动态和他人对下属的工作评价作为绩效评估的依据时,只需进入这名下属的个人主页,在主页中的"动态与反馈"界面,系统已经将他/她在这一阶段参与的OKR、取得的工作成果、接受的点赞和他人评价进行了分类收集,管理者可以选取任何与本次绩效评价相关的内容,添加到该员工的绩效评价表中,即可实现资料的整合工作。

第二节 绩效管理平台的优点

绩效管理平台主要在四个方面优于传统绩效管理工具。

首先,绩效管理平台具备便捷性的特点。

不同于软件化的管理工具,管理平台通过云端服务对企业进行绩效管理。软件化产品虽然能够帮助企业规范管理流程,但需要企业投入大量的固定资产配备软硬件设施,并且在安装和更新时也会为日常工作带

来不小的麻烦。相比之下,平台化工具能够在短时间内快速地提供服务,因此比软件产品便捷得多。此外,软件产品一般只能在固定的设备上使用,如办公室的电脑,但平台化产品打破了这种限制,整体联网装置可以覆盖个人笔记本、手机等多种移动终端设备,实现了即时查看、编辑信息的功能,大大加快了管理者和员工对工作的反应速度。

其次,绩效管理平台能够实现即时性反馈。

企业通常认为,激励机制应当与绩效挂钩才能体现出公平性,因此如果企业以季度为周期兑现奖励,那么也应当以季度为周期进行绩效评价。从激励机制的角度讲,这种观点没有问题,薪酬激励体系确实需要绩效结果作为依据和支撑;但是绩效管理却不能仅以奖励为目的,它的本质是提升个人与组织能力,而能力的提升需要持续不断地对行为表现进行跟踪,针对弱点和不足及时作出修正。绩效管理平台最大的优点就在于它打破了传统意义上激励机制和绩效管理之间的联系,组织成员无须等到薪酬分配时再去总结经验教训,每个人都能在实现目标的过程中收获及时的评价和反馈,并据此改进工作方法,提升工作效率和个人能力,更加高效地实现个人与组织的绩效目标。

再次,绩效管理平台充分利用了互联网的开放特性和人们渴望被他人关注的需求。

回想一下我们是否有过相似的经历:当发布了一条朋友圈动态以后,总是有意无意地查看有多少人评论和点赞,会因为关注多而兴奋,也会因为被关注程度不如我们的预期而感到失落。在工作中,类似的心态同样存在,并且能够影响员工的工作态度和积极性。绩效管理平台正是充分利用了这一点,打造了一个透明、公开的交流环境,利用信息的传播将来自同伴的感谢和鼓励变成公开行为,极大地增强了被关注带来的心理感受,进而让员工在工作表现与满足感之间建立积极正向的联系,促进绩效的改善与提升。

最后，绩效管理平台能带来的另一个产物就是大数据。

绩效的网络化、平台化管理帮助企业对员工的绩效过程进行实时的跟踪和反馈，及时发现绩效产生过程中的问题并予以调整和改进，但企业也要接受这一工具所带来的另一个结果——大数据。可以说，大数据是互联网时代绩效管理的必然产物，它主要表现在以下三方面。

（1）庞大的信息体量。只要查看一下我们的微博、朋友圈每天会接收多少条好友动态就不难想象互联网时代下信息量究竟有多大，在绩效管理平台上，每天同样也有许多员工发布工作信息、点评他人的成果。随着时间的推移，这些信息将逐渐积累，并形成一个巨大的工作数据库。

（2）快速的反馈过程。由于管理平台的开放性和互动性，员工可以随时更新工作状态，也可以随时接收来自他人的反馈，信息分享和传播所需要的时间大大缩短，反馈与互动的速率加快。

● 多样的信息种类。管理平台不仅保存有大量的数据，更拥有丰富的质性信息，它们可能是文字、图片甚至视频，通过这些多维度、多类型的资料，绩效管理平台能够更加全面地再现工作活动的具体产生过程。

关于大数据为企业绩效管理带来的是发展还是局限，目前存在着不同的观点。从积极的角度讲，丰富的数据有利于企业深入了解员工的绩效产生过程，提出具有针对性的改善计划，因此更有利于产生高绩效结果。美国麻省理工学院曾经联合麦肯锡公司对北美的330家企业进行调研，通过对这些企业的业绩数据、企业管理实践等资料的分析，他们发现那些数据导向的企业在财务和企业运作方面都拥有更好的表现。

然而也有很多人对大数据的准确性和可靠性提出质疑。这类观点认为决定大数据能否提升个人与组织绩效的关键在于企业要如何分析与使用这些数据，而这恰恰是很多企业目前面临的难题。由于大数据所包含的信息量大、内容丰富，这就为数据分析工作带来了诸多不便，特别是对于文字等质性数据的解读，一直是这一领域关注的难点和热点，许

多企业也正致力于相关软件的研发,希望能够提高质性数据分析结果的准确率。例如,位于美国硅谷的 Kanjoya 公司研发了一款名为"感知(Perception)"的分析软件,它可以通过对文字的识别来判断文字作者当时的情绪。如果一位部门主管在对下属的绩效评价中频繁使用"好(good)"一词,系统便会默认这是一条消极的评价,因为真正的表扬往往会带有一些情绪表达更加强烈的词汇,如"优秀""杰出"等。如果这位主管是在表扬下属的工作,就应该会用到与此类似的词语。如果只是重复使用一些中性词或是像"好"这样语气偏弱的词汇,那么只能说明他/她是在委婉地表达对下属工作的不满。这种分析原理听起来似乎有些道理,但它的问题是无法验证其判断结果的准确性,最有可能的办法就是找到这位主管,询问他/她真实的想法,但这样做显然并不现实。不仅如此,这类分析软件也并不能识别出人类所有的情绪,例如,当它们遇到含有讽刺意味的文字时就会表现出困惑,无法确认作者的真实情感,或者给出一个完全错误的判断。由于大数据分析存在着这些尚未解决的问题,使得那些依靠大数据进行绩效管理的管理者产生了顾虑,担心数据呈现的结果是否是管理活动的真实写照,是否真的能够为决策提供可靠的依据。

第三节　使用绩效管理平台需要思考的问题

虽然绩效管理平台为企业带来了诸多益处和启发,但是这并不代表这种工具适用于所有类型的企业,也不代表使用了这种工具就一定能够为绩效带来改观。企业在决定开发和使用绩效管理平台以前需要对自身现状有比较清晰的了解,具体可以从以下三个方面进行自我诊断。

一、企业适不适合使用绩效管理平台

正如前面提到的,这种管理工具是在快速变化的行业环境和企业应对变化的需求中应运而生的,因此能够从管理平台中获得启发并受益的首先是那些身处剧烈变化中、拥有同样需求的企业,这也就解释了为什么使用此类工具的大多是互联网企业。

除了行业环境,企业还要考虑组织内现存的工作方式和工作习惯能否与绩效管理平台相融合。对于互联网企业,大部分员工的工作常态就是利用网络进行沟通和协作,绩效管理平台从功能设计到操作都非常符合员工日常的工作方式,因此也更加容易被接纳和使用。而在一些工作模式传统(如采用电话沟通、当面沟通、纸笔沟通)的企业中,使用这样的管理工具需要组织成员改变早已习惯的工作方式,去学习新的事物,这无形中将为组织成员带来额外的负担,容易影响新工具在企业内的推广和接纳程度。

二、企业有没有能力使用绩效管理平台

除了适不适合,企业还应该考虑是否有能力使用绩效管理平台。当启用一种新的管理工具时,不管它与企业需求和组织工作方式多么契合,员工都需要一段适应和学习掌握的时间,因此使用者是否有能力在尽量短的时间内掌握这种工具并应用于工作中将会是这种工具能否发挥作用的关键。特别是,绩效管理平台倡导全员参与,因此企业应当首先正确评估组织成员是否具备学习和使用新工具的能力。

除了员工能力,企业还应该考虑是否具备分析、使用大数据的能力。绩效管理平台为企业带来了丰富的数据和信息,但只有这些数据被发掘和使用,绩效管理平台才能够真正体现它的价值。通常情况下,对大数据的收集和分析需要由相关的专业技术人员来完成,因此企业应当考虑

当前是否具备相应的人才资源。此外,大数据挖掘与分析是一个尚未发展成熟的领域,需要不断地探索和试错,企业是否愿意承担相应的风险也是值得思考的问题。

三、企业如何利用绩效管理工具的数据指导决策

在一个数据导向的企业里,管理者在做决策时往往关注四个问题:数据分析结果是怎么说的?数据是从哪里获得的?数据的分析方法是什么?分析结果的信效度有多少?管理者通过这四个问题来判断决策依据是否真实可信,以此保证决策不会出现重大的失误。当企业希望利用绩效管理平台拥有的大数据为决策提供更有针对性的指导时,这几个问题更应该仔细思考。因为我们已经谈到,大数据在可靠性和准确性方面仍存在不确定因素,过于依赖数据可能会导致企业陷入决策失误的风险。因此,企业在使用绩效管理平台前就应当对数据结果的使用范围和使用程度进行限定,以保证在做出人员调整、职位晋升等决策时有相对公平和真实的依据作为支撑。

孙 波 文 库

孙波文库

参 考 文 献

[1] [美]彼得·德鲁克:《管理的实践》,北京:机械工业出版社,2006年,第137~155页。

[2] [美]安迪·格鲁夫:《格鲁夫给经理人的第一课》,北京:中信出版社,2007年,第39~44页。

[3] [美]安迪·格鲁夫:《高产出管理》,北京:中国友谊出版公司,1985年,第31页。

[4] 饶征、孙波:《以KPI为核心的绩效管理》,北京:中国人民大学出版社,2003年,第40页。

[5] 孙波:《回归本源看绩效》,北京:企业管理出版社,2013年,第104,120页。

[6] 曹佳莉、鲁梦琪、李里、叶鹏卉:《周边绩效研究综述》,《人力资源管理》,2016年第5期,第292~295页。

[7] 李敏、陈胜军:《周边绩效理论综述》,《人力资源管理》,2012年第2期,第32~35页。

[8] 张敏、赵晓歌:《从人性假设的发展看激励理论的演变》,《科学与管理》,2009年第2期,第14~16页。

[9] 陈春花、刘祯:《阿里巴巴:用价值观领导"非正式经济事业"》,《管理学报》,2013年第10期,第22~29页。

[10] Paul R. Niven, Ben Lamorte (2016). *Objectives and Key*

　　　Results: *Driving Focus*, *Alignment*, *and Engagement with OKRs*. John Wiley & Sons, Inc, 3-9.

[11] Rohit Deshpande & Frederick E. Webster, Jr. (1989). Organizational Culture and Marketing: Defining the Research Agenda. *Journal of Marketing*, 53(1), 3-15.

[12] Helena Mullock (2014). A Brief Literature Review on Organizational Culture. Retrieved from http://research-methodology.net/a-brief-literature-review-on-organizational-culture/. Accessed on September 1, 2017.

[13] Edgar H. Schein (1984). Coming to A New Awareness of Organizational Culture. *Sloan Management Review*, 25(2), 3-16.

[14] Xiaoming Cui & Junchen Hu (2012). A Literature Review on Organization Culture and Corporate Performance. *International Journal of Business Administration*. 3(2), 28-37.

[15] David C. McClelland (1973). Testing for Competence Rather Than for "Intelligence". *American Psychologist*, 1, 1-14.

[16] Hay Group (2003). Using Competencies to Identify High Performers: An Overview of the Basics. Working Paper. Retrieved from http://www.haygroup.com/downloads/uk/Competencies_and_high_performance.pdf. Accessed on September 1, 2017.

[17] David C. McClelland (1998). Identifying Competencies with Behavioral-Event Interviews. *American Psychological Society*, 9(5), 331-339.

图书在版编目(CIP)数据

绩效管理:本源与趋势/孙波著.—上海:复旦大学出版社,2018.8
(孙波文库)
ISBN 978-7-309-13759-0

Ⅰ.绩… Ⅱ.孙… Ⅲ.企业绩效-企业管理 Ⅳ.F272.5

中国版本图书馆 CIP 数据核字(2018)第 140304 号

绩效管理:本源与趋势
孙 波 著
责任编辑/张美芳

复旦大学出版社有限公司出版发行
上海市国权路 579 号   邮编:200433
网址:fupnet@fudanpress.com   http://www.fudanpress.com
门市零售:86-21-65642857   团体订购:86-21-65118853
外埠邮购:86-21-65109143   出版部电话:86-21-65642845
浙江新华数码印务有限公司

开本 787×960   1/16   印张 16   字数 189 千
2018 年 8 月第 1 版第 1 次印刷
印数 1—4 100

ISBN 978-7-309-13759-0/F·2476
定价:58.00 元

如有印装质量问题,请向复旦大学出版社有限公司出版部调换。
版权所有   侵权必究